侠胆重情的
一代谋士

徐庶

白玉京　著

辽宁人民出版社

© 白玉京　2026

图书在版编目（CIP）数据

徐庶：侠胆重情的一代谋士 / 白玉京著. -- 沈阳：
辽宁人民出版社，2026. 1. -- ISBN 978-7-205-11585-2

Ⅰ. K827=36

中国国家版本馆 CIP 数据核字第 20259BP357 号

出版发行：辽宁人民出版社
　　　　　地址：沈阳市和平区十一纬路 25 号　邮编：110003
　　　　　电话：024-23284191（发行部）　024-23284304（办公室）
　　　　　http://www.lnpph.com.cn
印　　　刷：固安县云鼎印刷有限公司
幅面尺寸：145mm×210mm
印　　张：7
字　　数：107 千字
出版时间：2026 年 1 月第 1 版
印刷时间：2026 年 1 月第 1 次印刷
责任编辑：赵维宁
助理编辑：金美琦
封面设计：乐　翁
版式设计：一诺设计
责任校对：冯　莹
书　　号：ISBN 978-7-205-11585-2

定　　价：39.80 元

序　言

过隆中。桑柘倚斜阳，禾黍战悲风。世若无徐庶，更无庞统，沉了英雄。本计东荆西益，观变取奇功。转尽青天粟，无路能通。他日杂耕渭上，忽一星飞堕，万事成空。使一曹三马，云雨动蛟龙。看璀璨、出师一表，照乾坤、牛斗气常冲。千年后，锦城琼瑠相吊，遇草堂翁。

——王质《八声甘州》

在浩渺无垠、奔涌不息的历史长河之中，溯源至风云激荡、烽火漫天的三国时代，恰似踏上了一座雄浑壮烈且诡谲多变的巨型舞台。这舞台之上，金戈铁马的铿锵碰撞之声与智谋博弈的暗

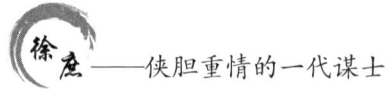

流涌动之势紧密交织，奏响一曲波澜壮阔、扣人心弦的乱世交响。

岁月仿若一位鬼斧神工的织匠，将那段峥嵘往昔，编织成一幅雄浑壮阔、色调斑斓却又处处弥漫着肃杀与机变气息的巨型织锦，在悠悠岁月的风烟里肆意铺陈，每一寸纹理、每一抹色彩，皆镌刻着时代的印记，诉说着英雄与谋士们的传奇故事。

在那风雨飘摇的动荡年代，汉室的巍峨大厦在腐朽倾颓中摇摇欲坠。

四方诸侯如同嗅到血腥味的猛兽，纷纷崛起，燃起逐鹿中原的熊熊烽火，妄图在这片破碎山河之上，建立属于自己的霸业版图。

而在这乱世纷争舞台隐秘的幕后，活跃着一个凭借满腹经纶、奇思妙想，悄然拨动局势走向的谋士群体，他们犹如穿梭于历史经纬间的精灵，用智慧作丝线，编织着命运的棋局。他们熠熠生辉，各绽异彩，以各自独特的笔触，涂抹着三国时代浓墨重彩的画卷。王佐之才荀彧、"鬼才"郭嘉、"卧龙"诸葛亮……他们虽各自隶属不同阵营，却都以其独特的智慧而名垂青史。

然而，在这群星璀璨的三国谋士群体之中，有一个人宛如一颗遗世独立、独特而质朴的星辰，在喧嚣浮华的历史星河中，散发着别样清幽且坚毅的光芒，有着与众人迥异、仿若另辟蹊径的人生轨迹与行事风格。

这个人就是徐庶。

徐庶出身平凡，非名门望族之后，没有世代累积的深厚家学可作依傍，好似在荒野中自生自长的劲草，凭借自身顽强的生命力迎接风雨。

早年的他，更似一位快意恩仇、行侠仗义的游侠，浑身散发着不羁与热血，凭借浑身胆气与一腔炽热豪情，游走于市井街巷的烟火人间、荒郊野外的偏僻险途。以手中的刀枪棍棒，捍卫心中那一抹纯粹的正义。帮扶弱小于困顿，对抗世间不平事，宛如暗夜侠客，为混沌世道带来丝丝清明曙光。

《魏略》中提及："庶先名福，本单家子，少好任侠击剑。""单家子"直白地点明其出身寒门，孤立无援，却在乱世洪流中秉持朴素侠义精神，恰似微弱烛光，试图以个人微薄之力，穿透厚重黑暗，为破碎山河注入一丝希望生机。

"宝剑锋从磨砺出，梅花香自苦寒来。"徐庶早年的寒门生活，虽没有富足的资源与深厚的家学根基，但恰似寒夜中的砥砺，反而铸就了他坚韧不拔的心性。

徐庶穿梭于市井陋巷，目睹着百姓在乱世中艰难求生，受豪强欺凌、官吏盘剥，那些哀怨的眼神、无助的哭诉，如同尖针刺痛他的心，更激发他行侠仗义的决心。

彼时，街头恶霸仗着些许势力，强占民宅、抢夺财物，百姓敢怒而不敢言。徐庶闻之，怒发冲冠，单枪匹马闯入恶霸巢穴，凭借矫健身手与无畏胆魄将恶霸制服，还财物于百姓，恰似古之侠士"路见不平，拔刀相助"。在这乱世的微尘之地，徐庶践行着自己心中的正义，虽力量微薄，却如点点萤火，汇聚起来，也能照亮一方黑暗。

直至阅历伴随岁月沉淀渐长，目睹山河破碎成残垣断壁、苍生罹难如蝼蚁漂泊的惨状，徐庶内心深受触动。他深刻领悟到，在这乱世洪流之中，仅凭个人武勇，不过是螳臂当车，恰似以卵击石，难以从根本上扭转乾坤、拯救万民于水火。

侠之大者，为国为民。于是，他毅然决然放下手中紧握多年、承载着热血青春的剑，折剑向学，如凤凰涅槃般投身于经史子集、兵法韬略的浩瀚海洋，开启了一场艰苦卓绝、仿若逆水行舟的自我蜕变之旅。

寒冬酷暑，四季轮转，徐庶独坐幽窗之下，伴着青灯黄卷，如饥似渴地汲取知识养分。每一页书笺翻过，都是一次灵魂的洗礼；每一段兵法解读，都是一点智慧的积累。凭借坚韧不拔、钢铁铸就的毅力与超乎常人、天赐的悟性，徐庶终从一介武夫成功转型为智谋卓绝的谋士。

这段从底层崛起、通过自我奋斗跨越阶层、升华能力的历程，相较诸多凭借家世门第、自幼在优渥环境中被知识熏陶滋养成才的谋士，少了几分与生俱来的顺遂，多了许多摸爬滚打、咬牙坚持的励志，恰似平凡砂砾磨砺成璀璨珍珠，往往更能触动人心深处。

"学如逆水行舟，不进则退"，徐庶在求学之路上，面对浩如烟海的典籍，没有名师的悉心指点，没有同窗的切磋研讨，全凭一己之力，在知识的海洋中艰难划桨前行。他日夜诵读经典，困了就以冷水拂面，倦了便在屋内踱步提神，遇到晦涩难懂之处，反复钻研，直至融会贯通。《诗经》《尚书》等经史子集，他倒背如流，从中领悟治国理政之要义；《孙子兵法》《六韬》等兵法韬略，他精读细研，从中揣摩排兵布阵、克敌制胜之妙法。历经数年，他将所学内化于心、外化于行，完成了从武夫到谋士的惊艳转身，其刻苦之精神，可比"悬梁刺股"的孙敬、苏秦，令人钦佩不已。

待徐庶学成，满怀壮志地步入乱世纷争的政治军事舞台，其择主观与行事准则亦别具一格，仿若一位特立独行的行者，不随波逐流。

他不被权势虚名的耀眼光芒所迷惑，似乎能看穿虚荣表象背后的空洞。他亦不盲目攀附势力庞大如巍峨高山般的诸侯权贵，而是以独特敏锐、仿若能洞察人心本质的眼光，秉持内心衡量善恶、权衡大义的道德标尺，多方探寻考察，如寻觅宝藏般，精心甄别适合自己施展抱负之地。

最终，他选定当时势力尚弱、寄人篱下却心怀复兴汉室大义、以仁德宽厚待人的刘备作为主公。彼时刘备虽漂泊无依，如同一叶浮萍在乱世浪潮中辗转，缺兵少将、地盘狭小，却有着凝聚人心的领袖魅力，如磁石一般吸引着志同道合之士。

徐庶投身其麾下后，倾尽全力，凭借自身所学为刘备军出谋划策。在资源有限、捉襟见肘的条件下，不断挖掘潜力，提升军队战斗力，仿若能点石成金，让平凡士卒发挥超常实力。应对复杂局势，他好似一个沉稳的舵手，驾驭着刘备军这条小船在惊涛骇浪中曲折前行，于夹缝中求生存、谋发展，成为刘备早期创业路上至关重要、脊梁般的智囊支柱。

虽正史中未详述徐庶如传奇演义般的惊世战功，然从刘备对其敬重有加、言听计从和视如珍宝般的相待中，足见徐庶在军事谋划、局势分析层面的不凡造诣。可以说徐庶为刘备势力初期的稳固立下了汗马功劳，是刘备在黑暗中摸索前行时，那束最温暖且明亮的光。

更为人称道的是，徐庶在面对人生重大抉择与道德困境时，坚守本心，展现出至纯至性的一面，犹如一朵在淤泥中盛开的高洁莲花。

曹操，这位雄踞北方、掌控汉室朝堂、权倾朝野的霸主，妄图将徐庶纳入麾下。为达目的，竟使出挟持其母这等阴狠手段，以亲情为要挟，编织出一张让徐庶无法挣脱的"情感罗网"，逼迫徐庶归降。

徐庶瞬间陷入忠孝两难、煎熬刺骨的绝境，一边是血浓于水、养育恩深、白发苍苍盼儿归的母亲，那是他生命的源头与情感的港湾；一边是志同道合、倾心相待、如同伯牙子期般契合且承载着兴复汉室希望的主公与未竟事业，那是他理想抱负的寄托。在这痛苦挣扎、仿若灵魂被撕裂拉扯的抉择中，徐庶最终选择奔赴曹营，以全孝道，此乃人性至情至理之举，符合人伦纲常，是孝道使然。

"自古忠孝难两全"，徐庶的选择，正是这句古训的生动写照。可即便身处曹营，他却依然坚守内心忠诚底线，秉持正直操守，"身在曹营心在汉"，这句传诵千古的话语背后是他无声的坚守。

面对曹操的种种威逼利诱，或如金山般堆砌眼前的高官厚禄，或如迷魂汤灌耳般的甜言蜜语，他于军事谋划事务上仍然缄口不言、拒不献策，仿若一尊沉默的石像，以无声却坚毅的方式守护与刘备的情谊，捍卫自身道德准则。这种在复杂险恶、荆棘丛生的环境下，仍能坚守忠义、不为权势利益折腰的气节，在三国谋士群体乃至整个乱世知识分子阶层中，都显得弥足珍贵、熠熠生辉，犹如夜空中永不坠落的北极星，为后世树立起一座精神的丰碑。

研读徐庶的人生，恰似打开一扇洞察三国时期别样风貌与知识分子精神世界的窗扉，那窗外风景独好，为现代人理解那个时代提供了独特视角与深邃镜鉴。

相较于看待三国时期而言，我们透过徐庶能感知到那个乱世并非仅有宏大战争叙事和诸侯争雄的戏码，历史画卷不只有浓墨重彩的金戈铁马，其底层亦活跃着像徐庶这般出身平凡、凭借自我奋斗崛起的人物，他们是乱世社会结构的"基石之砖"，默默无闻却不可或缺，填补了历史缝隙间那些细微却珍贵的细节空白。

三国时代既是英雄豪杰、世家大族纵横捭阖，在聚光灯下演绎传奇的舞台，也是寒门子弟怀揣壮志、于阴影中拼搏逆袭的修罗场，多元阶层交织碰撞，如交响乐各声部的共鸣，共同演绎出这段波澜壮阔的历史，让其层次丰富、韵味无穷。

从审视那个时代知识分子的角度出发，徐庶彰显出独特的价值取向与精神坚守。

彼时，天下大乱，知识分子宛如置身十字路口，面临诸多选择，或为求功名富贵投身权贵，好似逐食飞鸟奔往华美的金笼；或为保家族平安周旋各方，犹如随风飘摇的浮萍。像陈登，先在陶谦麾下，后助刘备暂据徐州（治今山东郯城），又周旋于曹操势力间，虽才华出众，每一步亦有其政治考量与局势所迫的无奈，但与徐庶相较，少了那份对内心道德与理想的纯粹坚守。

徐庶在理想抱负、亲情孝道、道德忠义间的艰难权衡与执着坚守，仿若在天平两端与刀刃之上谨慎行走。他启示我们，那个时代的知识分子虽身处乱世旋涡，受时代洪流裹挟，但内心深处依然有着对正义、忠诚、孝道等传统美德的尊重与捍卫，有着超越功利、如磐石般坚定的精神脊梁。他们中大部分并非单纯逐利群体，而是怀揣着家国情怀、秉持着道德操守，在复杂局势下，以各自方式诠释对理想人生和社会秩序的追求。这份精神底蕴历经千年岁月洗礼，依旧闪烁光芒，如同古老的宝藏，值得现代人体味、传承与借鉴，成为我们理解传统文化内涵、汲取精神力量的珍贵源泉，助力我们在当今时代洪流中坚守正道、追逐理想，书写属于自己的不凡篇章。

值得一提的是，徐庶的经历还折射出三国时期人才流动背后隐藏的无奈与坚守。在那个动荡岁月，军阀割据，势力更迭频繁，人才为求明主、一展抱负，往往需辗转多地。

徐庶从寒门起步，历经波折选定刘备，又因母被挟转投曹操，可他的心志从未改变。对比同时期诸多谋士因君主兴衰、利益权衡而频繁易主，徐庶虽身不由己换了阵营，却始终秉持初志，这在乱世之中更显难能可贵。

徐庶恰似乱世清流，在复杂多变的三国棋局中，以独特姿态坚守底线，成为解读三国人才生态的一把特殊"钥匙"。

再看徐庶于文化传播层面的潜在价值，其出身寒门逆袭为谋士的历程，不断激励着后世寒门学子。

三国时期的文化虽传承于世家大族居多，但徐庶的经历好似一道裂缝中透出的光，证明"知识改变命运"并非只是名门专利。

他在自学成才的过程中对经史子集、兵法韬略钻研不懈，这

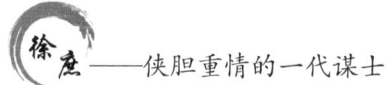

股求知若渴的劲头跨越时空，点燃了无数寒门子弟读书奋进之火。

后世唐宋科举兴盛，诸多寒门书生挑灯夜读，想必徐庶的身影曾在他们脑海闪现，激励其凭借学识打破阶层壁垒，从默默无闻到名震一方。于文化传承长河里，徐庶成为底层向上奋进中精神传承的隐形纽带。

徐庶在军事上虽无正史详述的传奇大捷，可他为刘备前期的军事布局作出了卓越贡献。当时刘备军势单力薄，徐庶因地制宜，依凭有限人力、物力，巧用战术。比如利用地形设伏，在山林小径、河汉要津布置奇兵，以弱击强，挫伤曹军锐气；还擅长情报刺探，遣细作混入敌营，摸清敌军兵力部署、粮草储备等关键信息，让刘备军避实击虚。

此等务实军事作为，不像大战役取得的成就那般夺目，却是刘备在困境中生存和发展的根基，为蜀汉军事萌芽注入生机，是研究三国军事微观层面运作不可忽视的一部分。

而且，徐庶身处曹营"不作为"的背后，有着复杂的政治博弈。

序　言

曹操"挟天子以令诸侯"，朝堂之上暗流涌动，各方势力勾心斗角。

徐庶坚守对刘备的忠诚，以"隐身"的形式留在了曹魏集团，引来曹操阵营内部一些旧臣的猜忌和排挤，可他无惧威压，凭借智慧周旋，展现了三国朝堂权力角逐下，一介谋士坚守内心操守的艰难与不凡，其在暗流涌动中秉持自我，也为后世洞察彼时朝堂生态打开了一扇窗扉。

白玉京

目 录

目　录

第一章

颖川风云

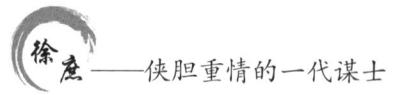

一、冲动的代价

东汉末年，烽火连天，民生凋敝。百姓面临饥饿困境，甚至出现相食惨状。白骨露于野，饥民行于道，目光呆滞，形销骨立。

弱者倒毙途中，未腐便被分食，惨不忍睹。

街巷时有啼哭，皆为求食活命之哀号。父母食子女，夫妻相啖，人性之恶尽显，宛如人间炼狱。

此乃英雄与枭雄并存之时代。

自汉灵帝荒废国政，天下大乱，群雄逐鹿，流民起义不断。

冀州太平道教主张角发动黄巾起义，口号"苍天已死，黄天当立，岁在甲子，天下大吉！"吸引了众多信徒，对汉王朝四百年统治造成重大冲击，社会更加动荡，民生凋敝，生产力遭到极大破坏，九州大地如破碎炼狱画卷。

曹操、刘备、孙权、袁绍等枭雄人物纷纷登场，使天下更加混乱。

　　豫州颍川，位于今河南省中部，包括许昌市和禹州市一带。此地人杰地灵，地理位置优越，经济物产丰富。地处中原腹地，北依黄河，南望江淮，地势平坦，广袤平原一望无际，肥沃土地孕育丰富物产。颍水自西向东流淌，如碧绿丝带，带来生机活力。颍水两岸，稻田阡陌纵横，麦浪随风翻滚，丰收时节，金黄的麦浪与沉甸甸的稻穗交相辉映，构成美丽的田园画卷。颍川山川虽不似名山大川那般雄伟壮丽，但有独特韵味。嵩山余脉蜿蜒起伏，山峦间绿树成荫，花草繁盛。山间溪流潺潺，清澈见底，鱼儿嬉戏，为山林增添灵动之美。

　　颍川因其优越的条件，自古便受文人墨客喜爱，文化昌盛，学风浓郁，人才辈出。众多世家大族聚居于此，重视教育，培养家族子弟，设立学堂。学子勤奋好学，追求知识真理，涌现出荀彧、荀攸、戏志才、郭嘉等东汉三国时期的名流名士，可谓人才济济。

　　然而，王朝末年，天下大乱，颍川亦受冲击，成为瘴气横行、官匪一家之地。

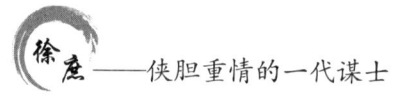

乱世风云起，英雄出我辈。

每逢王朝末期，社会动荡，总有英雄人物降临，搅动时局，留下华丽篇章。本文主人公亦属此类，且出场于人才辈出的颍川地区。

与大家熟知的历史人物不同，本文主人公起初以好勇斗狠的市井混子形象出现，他的名字叫作徐福，后改名为徐庶。

当然，这里说的徐福与那个秦朝时期带着三千童男童女漂洋过海为始皇帝寻找长生不老之药的徐福没有任何关系，只是恰巧同名同姓而已。

徐福出生于普通平民家庭，但颍川文化昌盛、人才辈出，出生于此地的他注定也将有所作为。

徐福自幼便显露出与同龄人不同的性格特质。徐福生长于底层平民家庭，接触之人多为市井底层人物，有好人有坏人，有强盗也有英雄。在这种环境中成长，徐福深受其影响，喜欢舞刀弄枪、拉帮结派，讲究兄弟义气，在当地名声在外，人见人躲。

因崇拜武艺高强、以寡敌众的大侠，徐福在血气方刚的年纪，是非善恶分明，以江湖好汉自诩，豪爽大气，胸怀坦荡，对不平之事会挺身而出。但这种喜欢打抱不平的性格，最终给他带来了巨大的麻烦，险些丧命。

据三国时期魏国的《魏略》一书中记载，在东汉中平六年（189），徐福的人生发生了重大转折。

当时因其拜把子兄弟遭人恶意欺辱、殴打，身心受创，徐福得知后怒不可遏，被怒火冲昏头脑，一心只想为兄弟报仇，却失手杀死了对方。这一意外使他从正义的维护者变为官府的追捕对象。正史对此事叙述不多，但从官府通缉这一举动可推测，死者可能与当地官老爷沾亲带故。

可以想象，当时的徐福为躲避缉拿，乔装改扮，撕破衣衫，满脸尘土，形如疯子。

此外，他还极有可能选择小道山路，避开城镇集市，昼伏夜出。为获取食物向善良村民求助，或躲进废弃庙宇山洞，忍受寒冷饥饿。

而另一方面，官府对徐福的提拿肯定也不会放松。

他们排查徐福的社会关系，张贴告示悬赏，为了提拿徐福归案，使用了诸多刑侦手段。

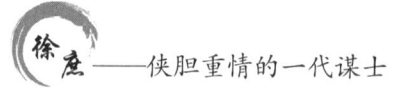

而在此期间，一些贪图赏金之人必然也会借此机会向官府提供一些线索或者干脆加入搜寻队伍。

最终，徐福被官差抓住了，但具体的被抓过程史书中并未记载，即便如此也不难想象，当时的徐福一定是经历了一番险象环生。

官差将徐福关押入狱，审讯拷打。

"年轻人不知天高地厚，今日就让你吃吃苦头。"

但徐福不为所动，不肯认罪，一言不发。

县太爷命差人将其五花大绑，捆在铁柱上，抬至大街，准备将他处以磔刑，并悬赏让百姓指认。

奇怪的是，虽围观者众多，却无人指认。

县太爷见状，于是提高价码，仍无人响应。

然而此时，一群头戴斗笠、身披蓑衣、内穿黑短袄、扎脚裤，脚穿薄底草鞋的大汉突然出现。

他们手持长刀，冲向官差。

官差们被这场景吓得手足无措，县太爷更是面无血色，立即下令撤退。

大汉们趁机将徐福松绑救走。

这些人是谁？他们为什么会来救徐福？

按照《魏略》一书中的记载，这些突然出现的大汉不是别人，正是徐福的拜把子兄弟。他们在得知徐福被捉后特意设计营救。

书中虽然对这一段记载简略，但是我们可以想象出当时的情景。

被兄弟们救出后，徐福眼中含着晶莹的泪光，感动地对众人说道："给诸位兄弟添麻烦了。"

"你说这话就见外了。"徐福的兄弟摆手说道，"如今这颍川你是不能待了，我们为你准备了行囊和盘缠，赶紧走。"说罢，便递上包袱和银两给徐福。

徐福看着眼前的碎银子，一时间不知道说什么好："这……"

对方说道："这些碎银子是我们一起凑的，省着点花，够坚持两三个月。"

徐福听了更是感动，道："你们家中不富裕，却为了我……"

对方打断他："不求同年同月同日生，但求同年同月同日死。

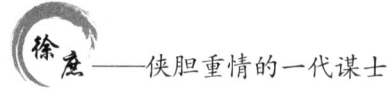

为兄弟两肋插刀在所不辞。赶紧走，别啰唆，狗官差快来了。"

徐福想回家见一见父母，于是兄弟便陪着他。

距家十来步时，徐福突然停下。

兄弟对此十分不解。

徐福苦笑："不进了，站在这里就好。"

就在此时，只听徐福的家中传出妇人哭声和中年男人呵斥声。

那妇人哭诉自己的儿子快没了，男人则指责她惯坏儿子，惹祸不断，如今杀人闯下大祸。

徐福听到这里泪如雨下，默默抽泣。他跪地磕头，为自己的错误和不能再见的父母。随后，他擦去泪水，头也不回地离去，发誓痛改前非，必成大器。

出颍川后，他目睹各地惨状，朝廷腐败，军阀割据，百姓流离失所，食不果腹。

这时候，他意识到单纯靠行侠仗义是无法救苍生的，必须靠脑子和手段，于是决定弃武从文，做谋士解救天下。为洗心革面，徐福疏巾单衣，气质比之前温和了许多。

二、浪子终回头

到这里徐庶本应该算是彻底告别了过去的自己，开启了属于自己新的人生之路。

但是，老天似乎觉得他受的劫难还不够，还要给他再设计一些难关。

根据《魏略》一书中记载，徐福逃脱之后便改名为徐庶，欲入儒家学堂求学，但是因为自己之前混混的身份而被同学们瞧不起。

从这一点便不难看出，徐庶虽决定洗心革面，重新做人，可在求学的路上也是困难重重。一个人要想洗心革面，总需要付出一些沉痛代价。

按照当时的风气来看，除了皇室贵族之外，整个社会由各地的世家大族把控，他们对整个社会产生了多方面的深远影响和作用，其中就包括政治领域、经济领域以及文化教育领域。

首先来看政治领域的影响。

在当时，世家大族对政治领域的影响主要体现在以下两个方

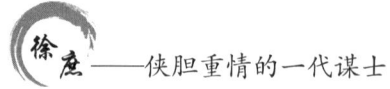

面：

一是垄断仕途。察举、征辟制发展到东汉末期时，已经完全被贵戚、四府九卿、州郡长吏等"二千石大吏"垄断，世家大族借此完全掌控了察举、征辟权。那些入仕无望的人才只能通过拜世家大族中有名望者为师来获得入仕途径，导致大部分人才被世家大族掌控。比如袁绍在很短时间内就聚集了荀彧、郭嘉、董昭、田丰、审配等谋士，颜良、文丑、高览、张郃等武将，这都得益于世家大族对人才的掌控和举荐。

二是左右政局。世家大族们在地方上拥有强大的势力和影响力，州牧、郡守能否顺利掌管一州、一郡都要看他们的脸色。在"董卓之乱"后，依据对汉室的态度，世家大族可分为维护汉室正统派和态度不定的观望派。维护汉室正统派以荀彧为代表，他的态度在一定程度上代表着北方世家大族的态度，他离开袁绍转而支持曹操，对曹操势力的崛起起到了重要作用；观望派如荆州的蔡氏、扬州的顾氏和陆氏等，没有明确政治主张，谁的势力更强、更能满足他们的利益诉求，他们就归附谁，导致了各方势力的此消彼长和局势的复杂变化。

其次便是对经济领域的影响，其中又可以分为两部分：

一是土地兼并的严重化。自春秋战国时期各诸侯国陆续废除井田制，允许土地自由买卖，便开启了土地兼并的风潮。历经四五百年的发展，到了东汉晚期，世家大族通过兼并掌控了大量的土地，并以此吸引了大量失去土地的编户民前来归附，再加上他们又掌控了大量的粮食资源，因此成为经济上的"巨无霸"。这使得大量百姓失去土地、生活困苦，社会贫富悬殊，矛盾不断积累。

二是对经济发展的阻碍。世家大族们掌控大量土地和劳动力，往往更注重维护自身家族的利益，在经济活动中可能存在保守和封闭的倾向，这在一定程度上阻碍了经济的创新性发展，使得经济发展缺乏活力和多样性。

最后则是文化教育领域的影响，其中也可以分为两部分：

一是文化传承与垄断。当时，世家大族们为了巩固地位和家族产业，非常注重子孙后代对"五经"等儒家经典的学习，形成了"世代以经学入仕"的局面。他们垄断了文化教育资源和知识的传承，这让普通百姓接受教育的机会极为有限，文化知识难以

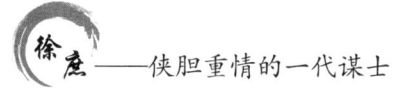
在社会中广泛传播和普及，造成了文化教育的不平等。

二是家学的兴盛。世家大族的内部重视家学的传承，因此培养出了许多文化名人，他们一般在学术、文学、艺术等领域有较高成就，这对当时的文化发展起到了引领和推动作用，也为后世留下了丰富的文化遗产。例如颍川荀氏家族中人才辈出，荀彧、荀攸等都是曹操麾下的重要谋士，他们的智慧和才学对当时的政治、军事决策产生了重要影响。

鉴于以上这几点，出生于平民家庭的徐庶求学成功的概率基本为零。

可中国有句古话说得好，叫作"精诚所至，金石为开"。

虽然在求学的道路上困难重重，可徐庶凭借着自己那坚韧不拔的意志与越挫越勇的性格最终还是成功进入了一家学堂。

但这一切远没有结束，上天对徐庶的考验才刚刚开始。

彼时的徐庶虽然已隐姓埋名，可这天下毕竟没有不透风的墙，他之前在老家时那段不光彩的"黑历史"还是传到了学堂之内，尤其是徐庶为人报仇而被官府捉拿入狱的这一段经历，更是传得沸沸扬扬。

这在当时的儒家学子眼中，并非正统的行为。

要知道，在当时以儒学为主导的学术环境中，徐庶这种带有草莽气息的过往经历，使得其他儒生对他存在偏见，认为他与正统的求学之道格格不入，所以不愿意与他交往、同窗学习，从而使得他在日后的学习过程中缺乏与同窗良好的交流和互动，难以融入学习群体，无法像其他同学那样相互探讨、共同进步，在一定程度上影响了他的学习效果和进度。

可想而知，在这种环境下，徐庶的心理感受是复杂的。

同窗们的不认可和孤立使他感到孤独，他可能会困惑为什么自己的过去经历会成为被同窗排斥的主要原因，不理解同窗们为何不能以更包容的心态看待他的转变。

于是，徐庶非常痛苦，也非常自卑，甚至有时还会自我怀疑。

但是，"天将降大任于是人也，必先苦其心志，劳其筋骨，饿其体肤，空乏其身，行拂乱其所为，所以动心忍性，曾益其所不能"。

徐庶注定是不一样的烟火。

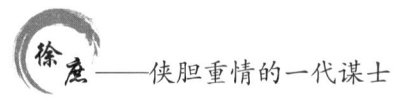

他并没有因眼前的困难而放弃，反而越挫越勇，展现出坚定的信念。

在老家做市井混混，为兄弟打抱不平，面对官吏的严刑拷打都能一言不发，这样的性格虽然让他在面对同窗们的排挤时显得格外被动，但也能使他坚定自己求学的决心，不屈服于外界的压力。

其实，可以想象，作为一个情感正常的人，这个时候的徐庶内心一定非常渴望被周边人所接纳。他深知学习的重要性，希望通过自己的努力和良好的表现改变同窗们对自己的看法。

为了让同窗认可自己，当时的徐庶采取了一系列的行动。

他首先一改往日的暴脾气，在日常相处中对同学们越发的谦卑恭敬，用良好的行为举止来展现自己的改变和诚意。

为此他经常早起一个人在学舍里大扫除，主动承担公共事务，为同学们创造良好的学习环境，以此来表达自己的善意和积极的态度。而在学业上，他又孜孜不倦，刻苦钻研，努力提升自己的知识水平和学术能力。最终在经义文理上做到了从入门到精通，用自己的才学证明了自己的价值。

只要有恒心，铁杵也能磨成针。

通过这一系列的努力，徐庶终于得到了一部分同窗的认可与好感。其中一位名叫石韬的同窗和他关系尤为亲善，两人昼则谈经论道，夜则同席而卧。

石韬与徐庶同是颍川人，也出身于平民家庭，而且在这乱世之中，他与徐庶有着极为相似的求学过程。这种共同的经历使他们更容易理解彼此，从而建立起最初的友谊基础。

一个人若身处困境，孤独与无助常常会如影随形，这个时候若有朋友出现，就像是黑暗中的一束光，能够照亮前行的道路。

朋友也许不能给你金钱上的帮助，但他们会给予你情感上的支持，让你感受到被理解、被接纳。

在你沮丧时，他们会用温暖的话语鼓励你，帮你重新燃起希望之火；在你迷茫时，他们会以自己的经验和智慧为你出谋划策，指引方向。

朋友还会在行动上与你并肩作战，共同面对困境中的挑战，分担你的压力。这种共同奋斗的经历，不仅能让困境变得不再那么难以逾越，还会在彼此心间留下珍贵的回忆，进一步加深你们

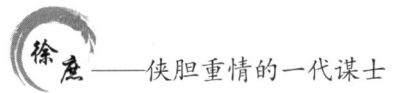

之间的友谊。

因此，在困境中有朋友一起面对，你将不再孤单，而是拥有无限的勇气、希望和力量，能够更加坚定地朝着走出困境的方向迈进。

徐庶在遇到石韬后整个人都显得更有活力和干劲儿。

两个人在这乱世之中变得越发惺惺相惜。

第二章

十面埋伏

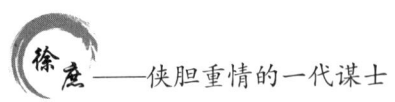

一、南下避难荆州

斗转星移，万物乾坤。

随着时间的推移，一转眼便来到了东汉初平二年（191）。

这一年，随着东汉朝廷的进一步衰败，整个社会呈现出极为复杂的状况。

中央政权在把持朝政的军阀头子董卓的挟持下迁至长安，从而瞬间丧失了对地方的掌控。

袁绍、袁术等地方势力也见风使舵，纷纷崛起，割据一方，阳奉阴违，不听中央号令，地方割据局面已然形成，大有随时自立为土的准备。

与此同时，张角三兄弟领导的黄巾起义虽被镇压，但各地仍有黄巾军的余党活动，继续对东汉朝廷的统治造成威胁，青州（治今山东淄博临淄区北）、徐州境内的黄巾军欲与冀州的黑山军联合。

黑山军是东汉末年河北的农民起义军，主要人物有张牛角、张燕等。

如果这两支起义军成功联合，势力将更加强大，对东汉朝廷的威胁也会进一步增加。

冀州（今山西和陕西间黄河以东、河南和山西间黄河以北和山东西北、河北东南部地区）是当时的重要地区，地理位置优越，资源丰富。

青州、徐州的黄巾军欲与冀州的黑山军联合，占据冀州，扩大自己的势力范围。而公孙瓒也意识到了冀州的重要性，不希望黄巾军和黑山军联合起来，对自己的势力构成威胁。

公孙瓒当时任辽东属国长史，他得知黄巾军入侵的消息后，当机立断，率领两万步骑兵，在东光县南部边界迎击号称三十万兵力的黄巾军。

尽管在兵力上处于绝对劣势，但公孙瓒毫不畏惧，主动出击。他成功利用黄巾军缺乏防备的弱点，采取突袭战术，打了黄巾军一个措手不及，斩首三万余。黄巾军陷入骚乱之中，纷纷丢弃随军辎重，向黄河方向奔走，试图渡河逃窜。

面对此情况，公孙瓒没有急于追击，而是耐心等待黄巾军渡河至一半之时，再次发动攻击。此时黄巾军队伍混乱，无法组织有效抵抗，公孙瓒的军队势如破竹，又斩敌数万，鲜血染红了河水。

此役，公孙瓒生擒敌军七万余人，缴获辎重兵甲不可胜数，取得了辉煌的胜利，威名大震，势力得到极大扩张。他不仅巩固了自己在幽州地区的割据势力，还将势力范围扩展到冀州等地，成为北方一股强大的割据力量。这使得东汉末年的政治格局更加碎片化，地方势力进一步崛起，中央政府的权威被严重削弱。

此后，公孙瓒能够自行任命州牧、郡守等官员，几乎成为一方霸主，对东汉朝廷的统治构成了直接威胁。

而在这种社会长期动荡与混乱的情况下，东汉百姓们流离失所，农田荒芜，农业生产遭受重创，这种糟糕的情况就像多米诺骨牌一般，还牵连到了当时本就不发达的交通。交通的受阻就意味着贸易路线被切断，外加关卡林立，各项不合理税收也就变得越发猖狂，商业发展就此停摆，甚至倒退。如此一来，社会矛盾变得尖锐至极。

这一系列的连锁反应，也造成了人才的大量流失，朝廷和地方均面临人才匮乏的困境。

而与此同时，远在千里之外的京师也不安定。

正如前文所述，自从经历东汉光和七年（184）的"黄巾之乱"后，东汉皇室的威信就已经遭受了重大挫折，而皇宫内部更是混乱不堪，外戚与宦官两派的斗争非常激烈。

外戚何进辅政，他与贵族官僚袁绍合谋诛杀宦官。

为增强自己的力量，何进不顾朝臣反对，私召凉州军阀董卓率西凉军入京。

然而，现实的反转往往比故事来得更加突然。

在董卓还未赶到洛阳之前，何进就已在与宦官的争斗中被张让等人杀死。

当时，董卓手下的兵马总共只有三千余人，而京师官兵甚盛，司隶校尉袁绍拥有禁军指挥权，后将军袁术控制着何进的部曲，执金吾丁原手下还有骁将吕布。

不过，戎马生涯已三十余年的董卓十分狡诈，他通过虚张声

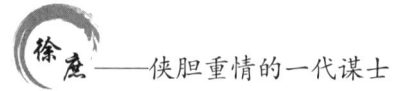
势，让部众夜里偷偷出城，白天再大张旗鼓进城，营造出兵力众多的假象，吓得袁绍、袁术、曹操等人纷纷逃出京师。

同时，董卓又离间丁原部曲（指东汉末年并州刺史丁原麾下的将领及士兵群体，其内部成员有吕布、张辽、张杨），使吕布杀丁原并被其收为义子，吞并了丁原的部队，从而势力大长。

没有了后顾之忧后，董卓便在洛阳开始了一系列胆大妄为的操作。

此时的他根本不将腐朽无能的朝廷和皇族放在眼里，无论是言语还是行为都十分放肆。

他在洛阳废帝更立、独揽朝政，实行恐怖统治，纵容士兵奸淫掳掠，激起了各地群雄的愤恨。东汉初平元年（190），函谷关以东的各州、郡全都起兵讨伐董卓，推举渤海太守袁绍为盟主，组成关东联军。

面对关东联军的强大攻势，董卓认为难以在洛阳继续坚守，于是便将目光投向了长安。

长安地理位置优越，有函谷关等险要可守，而且距离董卓的大本营凉州也更近，利于他抵御外敌、巩固势力。

于是董卓胁迫汉献帝及群臣西行，洛阳城内外数百万口民众被迫西迁。

一路上，百姓被董卓军车骑践踏，又加上饥病交迫，死亡相继，积尸满路。

东汉初平二年（191）四月，董卓率兵抵达长安。

到达长安后，董卓本人不仅自任太师，号称"尚父"，继续把持朝政，独断专行，而且车驾服饰等都与天子无异，皇帝成为其傀儡，使得汉室的权威进一步被挑战。

朝中大臣虽对董卓不满，但大多敢怒不敢言。

而在朝廷之外，董卓的这种恶行则遭到了许多人的反抗，各地诸侯纷纷割据一方，不再听从朝廷的号令。

此后，群雄混战，社会动荡不安，东汉末年乱世的序幕正式拉开。

在此之前的一年，渤海太守袁绍凭借家族"四世三公"的显赫威望，登高一呼，号召天下诸侯起兵，共伐董卓，以正朝纲、救苍生。

此号召如星火燎原，迅速得到诸多势力响应，十八路诸侯纷

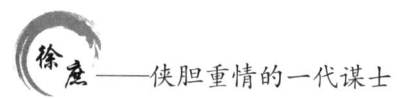

纷携兵而至，会聚酸枣（今河南延津西南），结成讨董联盟。

这十八路诸侯阵容堪称豪华，各据一方，各怀本事与抱负：袁绍自领盟主，坐镇中军，其弟袁术总督粮草，掌控后勤补给命脉，为大军运作提供支撑；冀州牧韩馥，坐拥富饶的冀州，兵精粮足，带甲之士众多；豫州刺史孔伷，以智谋著称，善于谋划调度；兖州刺史刘岱，性格果敢，麾下士卒凶悍善战；河内太守王匡，在河内经营多年，颇具地方势力，且有强军拱卫；陈留太守张邈，广交豪杰，为人仗义疏财，所部多为热血壮士；东郡太守桥瑁，精通兵法，军事素养颇高；山阳太守袁遗，出身名门袁家，自带儒雅与果敢气质；济北相鲍信，心怀忠义，对汉室忠心耿耿，其弟鲍韬随其左右，一同征战；北海太守孔融，乃孔子后裔，以文名传于世，礼贤下士，治下百姓安居乐业，此次亦率部响应；广陵太守张超，有胆有识，麾下兵将训练有素；徐州牧陶谦，为人温和宽厚，虽不善征伐，却也愿为讨董出份力，派出精锐部队参战；西凉太守马腾，久居边陲，麾下西凉铁骑威名远扬，冲锋陷阵锐不可当；北平太守公孙瓒，白马义从声名赫赫，皆为精锐骑兵，来去如风，战斗力超群；上党太守张杨，出身低微却凭自身努力崛起，在当地拥趸众多，为讨董倾尽全力；长沙太守孙坚，出身吴郡富春寒门，却凭借非凡勇力、卓越军事才能，一路打拼成为诸侯，其部将程普、黄盖、韩当等皆为当世猛将，愿随其出生入死，征讨董卓。

联盟既成，大军开拔，兵锋直指董卓盘踞的洛阳。

孙坚作为先锋部队，率先行动，一路向北挺进，其军势如破竹，在梁东遭遇董卓军。

初战虽因寡不敌众失利，孙坚仅率数十骑败逃，但他迅速收拢残兵，重振旗鼓，于阳人（今河南汝州市西）与董卓军展开决战。

此役，孙坚身先士卒，麾下将士受其鼓舞，士气大振，勇猛拼杀，成功斩落董卓部将华雄首级。华雄在董卓军中以勇猛著称，常为先锋，屡立战功，其死致使董卓军大败，军心大乱，孙坚乘胜追击，威名远扬。

与此同时，曹操向袁绍进言，认为应速战速决，直击董卓要害，以免夜长梦多，联军久拖生变。

然而袁绍等人多有顾虑，迟疑不决，曹操见状，愤而率本部

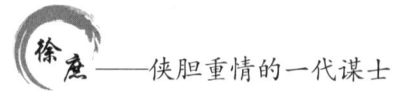

人马独自西进，欲在酸枣联军按兵不动时，先行破敌。

行至荥阳汴水，遭遇董卓大将徐荣，曹操军虽拼死抵抗，可毕竟兵力悬殊，苦战之后，曹操险些丧命，幸得曹洪舍身相救，才得以逃脱，其部损失惨重，无奈退回酸枣。

正当联军有望乘胜追击、直捣洛阳之时，内部矛盾却如病菌滋生，悄然腐蚀着联盟根基。粮草分配不均、地盘争夺、战功攀比等问题纷至沓来，诸侯们各怀心思，不再一心讨董。

袁术身为粮草总督，担心孙坚战功过盛，威胁自身地位，竟克扣孙坚军粮，致使孙坚前线作战受阻，不得不回军鲁阳（今河南鲁山），严词切责袁术，才得续上军粮补给。

袁绍与韩馥亦暗中盘算，企图拥立幽州牧刘虞为帝，以取代被董卓挟持的献帝，借此掌控新朝，树立自身权威，全然不顾此举对联盟"匡扶汉室"大义名分的损害，引得诸多诸侯不满，曹操、袁术等皆表示反对，此事虽未得逞，却也让联盟内部人心惶惶，离心离德。

而在酸枣，诸侯联军整日置酒高会，不思进取，曹操见此，痛心疾首，进谏道："诸君若能同心协力，率十万之众西进，必能击破董卓，如今却在此迟疑观望，大好战机错失，天下何时能定！"可众人皆不听其言，曹操无奈，深知联盟已名存实亡，长叹一声，黯然离去。

随着内部矛盾激化，联军攻势渐歇，再无齐心破敌之势。

董卓见联军内部纷争不断，有机可乘，先是派李傕向孙坚提亲求和，遭孙坚严词拒绝。后又裹挟献帝及洛阳城财富，迁都长安，临行前，董卓下令焚毁洛阳城，昔日繁华京都，在大火中化作残垣断壁，百姓哭声震天，文物典籍、宫室建筑毁于一旦，汉室根基遭受重创。

十八路诸侯讨董卓，这场起初声势浩大、满怀壮志的军事行动，终因内部矛盾重重、各怀私利，未能达成诛杀董卓、匡扶汉室的目标，草草收场。

但它拉开了东汉末年诸侯混战、群雄逐鹿的大幕，诸多英雄豪杰借此崭露头角，在后续乱世纷争中继续书写着各自传奇，而汉室命运，则在这乱世烽火中越发飘摇，走向不可知的深渊。

这场灾难对当时的世家大族产生了多方面的重大影响。

许多世家大族的子弟为了躲避战乱，纷纷逃离京城，前往其

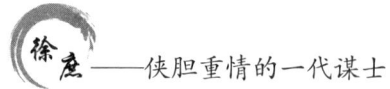

他地方避难。这直接导致了人才流失，最终使得世家大族在文化、教育等领域的影响力也受到了影响。

而当时还在求学阶段的徐庶与好友石韬二人便因为要躲避这场祸乱，一起相伴南下到了荆州（今湖北、湖南两省及河南、贵州、广东、广西的一部分）居住。

万万没想到的是，二人到荆州后不久便有了新的收获。

二、荆州遇友志同俦

三国时期的荆州地区具有极其重要的地位，主要体现在以下几个方面：

一是连接各方的枢纽。荆州位于长江中游，东接由孙权建立的吴国，西连由刘备建立的蜀汉，北通曹魏，可以说是连接中原和江南的重要交通枢纽。其境内水系发达，长江及其众多支流贯穿其中，使得人员、物资的运输极为便利，是三国之间相互交流、征战的必经之地。例如，刘备欲进取中原或孙权欲北伐，荆州都是重要的战略跳板。

二是军事防御的要地。荆州周边有众多山脉环绕，如桐柏山、大别山、荆山等，形成了天然的防御屏障。同时，其境内的长江天险更是难以逾越的防线，易守难攻。控制荆州，便可以此为据点，抵御其他势力的进攻。在"赤壁之战"前，曹操占据了荆州，孙刘联军便处于战略劣势，可见荆州的战略地位对各方势力的影响之大。

三是战略通道的汇聚点。进出荆州主要有三个通道，一个是兵家必争之地襄阳（今湖北襄阳），另外两个出入口是位于西侧的三峡和东侧的九江一带。这些通道连接着不同的地区，掌握了荆州及其通道，就能够掌握战争的主动权，对周边地区形成战略威慑。

四是经济资源丰富，农业发达。荆州地处平原地区，土地肥沃，气候适宜，是重要的粮食产区。在古代农业社会，粮食是国家的根本，拥有丰富的粮食资源意味着能够养活大量的人口和军队，为战争提供坚实的后勤保障。

五是商业繁荣。荆州地理位置优越，交通便利，促进了商业的发展。它是南北货物的集散地，各地的商品在这里汇聚、交易，商业活动十分活跃。其商业税收也成了各方势力重要的财政

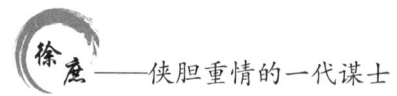
收入来源。

六是资源丰富。荆州除了农业和商业资源外，还有丰富的矿产资源、渔业资源等，这些资源为军事、工业等方面的发展提供了坚实的物质基础。

七是名士云集。荆州地区文化底蕴深厚、教育发达，吸引了众多文人雅士前来求学、交流。在三国时期，这里涌现出了许多杰出的人才，如诸葛亮、庞统、马良、蒯越、蔡瑁等，他们为各自所属的势力出谋划策，对三国的政治、军事格局产生了深远的影响。

八是学术氛围浓厚。荆州是当时的学术文化中心之一，形成了独特的荆楚文化。这里的学者们在经学、史学、文学等领域的研究取得了较高的成就，为文化的传承和发展作出了重要贡献。这种浓厚的学术氛围也培养了人们的思维能力和创新精神，为人才的成长提供了良好的环境。

除了以上这些特点外，荆州地区在当时还有着很大的政治影响力。具体内容又包括了以下两个方面：

一是势力争夺的焦点。三国时期，荆州先后被刘表、刘备、孙权等势力控制，各方势力之间相互争夺，战乱频繁。谁能够占据荆州，谁就能够在政治上获得更大的影响力和话语权。例如，刘备在占据荆州后，实力得到了迅速提升，得以与曹操、孙权抗衡。

二是政治格局的平衡器。荆州的归属问题直接影响着三国之间的政治格局。当荆州处于某一方势力的绝对控制下时，其他势力便会感到威胁，从而联合起来对抗它；当荆州的势力分布相对平衡时，三国之间则能够保持一定的稳定。因此，荆州在三国的政治格局中起到了重要的平衡作用。

换言之，除了颍川之外，荆州便是当时整个东汉朝廷治下为数不多经济较为发达、治安较为良好的地区之一。

徐庶与好友石韬二人在荆州安顿下来之后，便如同过去一般，继续在学术上刻苦钻研探索。

在这个过程中徐庶偶然得知，当时著名的隐士名流司马徽也在荆州地区，于是便有心去结交拜访对方。

有一种说法，说是当时徐庶与石韬二人拜在了司马徽的门下学习，可在正史中对于徐庶与石韬二人拜司马徽为师的具体过程

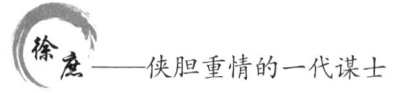

并没有详细的记载。

但既然流传着这种说法，相信也不是空穴来风。

因为以当时司马徽的名声以及他在学术上的成就，的确足以让初出茅庐的徐庶与石韬拜其为师。

司马徽，字德操，颍川郡阳翟县（今河南禹州）人，东汉末年隐士，后世又称"水镜先生"。

司马徽自幼苦读，精通天文地理，知识渊博。他在荆州时与东汉末年名士宋忠齐名，在学术上有很高的造诣，对儒家经典等诸多学问都有深入的研究和理解。据史书记载，襄阳大名士庞德公在鹿门山举办的一次"花红"酒会上，司马徽以"昏帝与明君"为题，旁征博引，剖析历史兴衰，畅论世事，表现得淋漓尽致，令众人叫绝，从此"水镜先生"的雅号传扬后世。

东汉建安三年（198），因战乱频发，颍川四面受敌，不宜久居，司马徽便与所有的知识分子一样迁居荆州，躲避战乱。

因司马徽为人清雅高洁、才学过人，尤善鉴人识才，在荆州声名远扬。

他在荆州与宋忠等人开馆讲学，尹默、李仁两人都曾在荆州跟随司马徽学习儒学，后来二人都成为当时的名士。

除此之外，司马徽避居荆州之时，与襄阳名士庞德公、诸葛亮、庞统等人交好。

庞德公，亦是德高望重，素有贤名，司马徽敬其品性、慕其才学，待之如兄长。

庞德公称诸葛亮为"卧龙"，称庞统为"凤雏"，称司马徽为"水镜"，皆恰如其分，传为一时佳话。

庞德公居住在沔水（今汉江）中的鱼梁洲，司马徽就住在鱼梁洲的南面，两家隔水相望，时常欢聚，或泛舟江上，或涉水来往交游，无拘无束。

诸葛亮年少时，常往庞德公家请教，心怀敬重，每至家中，皆在庞德公床下独拜，庞德公见其谦逊有礼、聪慧过人，亦颇为赏识，从不阻拦。

东汉建安六年（201），左将军刘备投奔刘表，在荆州数年暗中访贤纳士。

到了东汉建安十二年（207），刘备听说了司马徽的名声，于是马不停蹄地前往拜见，请求对方出山辅佐。

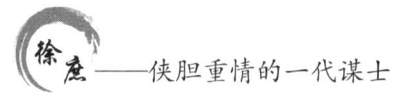

当时司马徽谦虚辞谢，但向刘备举荐了诸葛亮和庞统，称"卧龙、凤雏，两人得一，可安天下"。

但此时的诸葛亮还没有什么名声，所以刘备也没有放在心上。

直到后来，徐庶再次向刘备推荐诸葛亮时，刘备才恍然大悟。

如此一来，也就有了后来刘备"三顾茅庐"请诸葛亮出山的典故和诸葛亮辅佐刘备夺取荆州、攻占益州，成就王霸大业的一系列历史故事；而庞统也在诸葛亮的举荐下，得到刘备器重，被任用为军师。

当然这都是后话，这里就不做赘述了。

从以上这几点就不难看出，徐庶拜司马徽为师的可能性是非常大的。

首先是地域因素。

司马徽是颍川阳翟人，而徐庶与好友石韬也是颍川人士，因此三人属于同乡，都在北方地区。在当时的交通和信息交流条件下，人们的社交和求学圈子往往受到地域的限制，单从这一点来看，徐庶拜在司马徽这样的名士门下的机会是非常大的。

其次是人际网络。

在当时，司马徽不仅名声在外，而且交友非常之广泛，有一定的人脉资源和影响力。徐庶作为初出茅庐的晚生后辈，若想求学提升自己，通过他人引荐或者自己主动拜访的方式都有可能成为司马徽的弟子。而且三国时期，名士之间的交流和传承是比较常见的现象，这种人际网络为徐庶拜司马徽为师提供了一定的途径。

最后是司马徽的学识与名望。

司马徽精通道学、奇门、兵法、经学等多个领域，是当时著名的学者和智者。对于渴望学习和提升自己的徐庶来说，司马徽这样的老师具有很大的吸引力。徐庶想要学习知识、增长才干，拜司马徽为师是一个很好的选择。而且司马徽在当时有很高的名望，被人们所敬重。他善于举荐人才，"卧龙、凤雏，两人得一，可安天下"这句话广为流传，也从侧面反映了他的识人之明和在人才评价方面的权威性。徐庶若能拜在司马徽门下，不仅可以学到知识，还能借助老师的名望提升自己的声誉和影响力，这对于

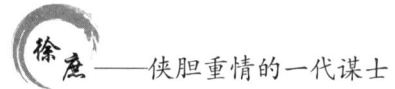
他的个人发展而言是非常有利的。

在结识了司马徽之后，徐庶与石韬二人又通过司马徽结识了诸葛亮、崔州平、孟公威等人。

诸葛亮，字孔明，号卧龙，琅琊阳都（今山东临沂沂南县）人，是汉元帝时期司隶校尉诸葛丰的后人。

他本生于琅琊郡的一个官宦世家，但早年父母双亡，随后便跟随叔父诸葛玄生活。

诸葛玄曾担任豫章太守，所以少年时期的诸葛亮及其兄弟也在豫章生活过一段时间。

后来诸葛玄的官职被取代，便带着诸葛亮等人前往荆州投奔刘表。

在荆州生活期间，诸葛亮过着布衣生活，他自许有管仲、乐毅之才，但不被当时的人认可，只有徐庶和博陵的崔州平对待诸葛亮友善，信服他的能力。

徐庶、石韬与诸葛亮等人一同交游，他们经常在一起探讨学问、交流思想，逐渐建立起了深厚的友谊。

在这个过程中徐庶逐渐展现出了自身的才华，声名远播，引起各方关注。

在与诸葛亮等人的结交之中，徐庶的学识得到了跨越式的增长，思想的深化以及眼界的开阔也都有了新的高度。

诸葛亮的才华和见解对徐庶产生了积极的影响，使他在政治、军事等方面的认识不断提升，为其日后成为一名出色的谋士奠定了基础。

徐庶与诸葛亮等在荆州的交流探讨过程，促进了各种思想文化的传播和碰撞。

他们对于天下局势的分析、治国理政的理念等方面的交流，不仅丰富了当时的思想文化内涵，也为后来的政治、军事实践提供了理论基础。

此外，徐庶和诸葛亮的结交，也吸引了更多的人才关注到荆州这一地区。

二人的朋友圈中如崔州平、孟公威等人也都是有识之士，这些人的聚集形成了一种人才效应，使得荆州成为当时人才汇聚的重要地区之一，为后来各方势力对荆州人才的重视和争夺埋下了伏笔。

第三章

辅佐刘备

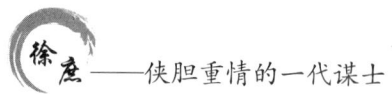

一、衣带诏讨曹逆贼

东汉建安五年（200）。

此时，正是汉献帝刘协在位期间。

根据历史记载，这个时候的东汉朝廷宛如一艘在狂风巨浪中飘摇欲沉的孤舟。

朝堂之上，权臣当道，天下四方，诸侯割据。往昔的皇帝威严早已消散殆尽，只剩一抹残阳余晖。

彼时，曹操，这位胸怀雄图霸业、兼具谋略胆识的乱世枭雄，敏锐地捕捉到了"挟天子以令诸侯"这一能在乱世之中掌握政治主动权的绝佳契机，于是当机立断，亲率大军迎奉天子，而后迁都许县（今河南许昌东）。这一举措，犹如一颗巨石投入三国纷争的湖面，激起千层浪，让本就错综复杂的局势越发波谲云诡。

迁都许县之后，曹操凭借天子之名，军政大权在握，其势力如日中天，朝堂上下诸多事务皆由其一手把控，政令皆出自他手，俨然成为汉室实际的掌权者。

然而，如此行径，自然引来部分心存汉室正统、不甘皇权旁落的臣子的侧目与愤懑，车骑将军董承便是其中最为激进者之一。

董承身为皇亲国戚，身负着保卫汉室、匡扶帝室尊严的使命感，眼见曹操权势日盛、对汉献帝的威压与日俱增，他心中忧虑如焚，仿若有一团烈火在胸腔中熊熊燃烧，急切渴望寻得良方遏制曹操的膨胀野心，还朝政以清明，保献帝之安危。

正是在这般暗流涌动、矛盾日趋尖锐的局势下，一则惊天消息仿若平地惊雷，在许都炸开——董承对外宣称，自己接受了汉献帝藏于衣带之中的密诏。

此密诏即是一道来自汉室正统的"圣谕"，承载着献帝对曹操弄权的悲愤与反击期望，赋予董承等人诛杀曹操、清君侧的"大义名分"。

董承怀揣着这份沉甸甸的"使命"，迅速开始串联各方势力，

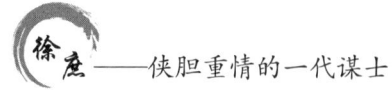

试图组建起一支能与曹操抗衡的力量。

种辑、吴硕、王子服等朝中忠义之士听闻此事，皆热血沸腾，感怀于汉室恩泽，亦深知唇亡齿寒之理，毫不犹豫地投身其中，愿为诛杀曹操、恢复汉室荣光而舍生忘死。

而彼时寄居于曹操篱下却心系复兴汉室的刘备，同样被卷入了这场暗流汹涌的政治旋涡之中，成为董承秘密谋划集团的一员。

东汉建安五年（200）正月，这本该是新春伊始、万象更新之际，许都却笼罩在一片肃杀的阴霾之中。

曹操耳目遍布朝堂内外，犹如一张无形且严密的大网，任何风吹草动都难以逃脱其掌控。

董承等人在密室中密谋诛杀曹操的计划，虽做得慎之又慎、隐秘至极，但终究还是百密一疏，不知何处露出破绽，致使消息泄露。

曹操闻听此事，顿时怒发冲冠，目眦欲裂，他素以果敢狠辣著称，岂会容忍这般"谋逆"之举，当即下令展开雷霆抓捕行动。

一时间，许都城中缇骑四出，马蹄声踏碎寂静，刀光剑影闪烁在街巷之间。

董承，这位曾誓言捍卫汉室的将军，率先被捕，面对曹操的审讯，他昂首挺胸，神色坚毅，毫无惧色。种辑、吴子兰、王子服等人亦相继被抓，虽明知大限将至，却依旧秉持忠义，未吐露分毫求饶之语。

就连董承的女儿董贵人亦受牵连，被囚于深宫，曹操不顾献帝求情，执意将其一并诛杀，以绝后患。

这场血腥屠戮，不仅是曹操对胆敢挑战其权威者的严厉惩戒，更是向朝堂内外宣告其统治地位不容撼动的强势宣言。

而此时，身在徐州的刘备，也因衣带诏之事被卷入命运的惊涛骇浪之中。

曹操深知刘备素有大志，绝非久居人下之辈，且参与此次谋逆，更是触碰到他的底线。于是，曹操当机立断，放下手中诸多事务，亲自率领大军，浩浩荡荡东征刘备，欲将这潜在威胁连根拔起。

刘备彼时虽坐拥徐州，麾下有关羽、张飞等猛将辅佐，士卒

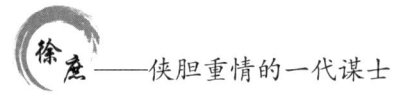

亦有一定规模，可相较于曹操的大军，实在是实力悬殊。

双方军队于徐州城外列阵对峙，一时间战云密布，空气中弥漫着紧张与肃杀的气息。随着曹操一声令下，曹军如潮水般汹涌扑向刘备军阵，喊杀声震耳欲聋。刘备军虽拼死抵抗，然终因兵力、装备皆处于劣势，渐渐难以支撑，防线被曹军层层突破，士卒死伤惨重，兵败如山倒。

混战之中，关羽不幸被曹军围困，虽奋力拼杀，却寡不敌众，最终为曹军所困，落入曹操之手。

刘备见大势已去，痛心疾首，却也深知"留得青山在，不怕没柴烧"，当机立断，率领残兵败将，开启了一场艰难的逃亡之旅。

刘备一路向北，目标直指青州。

所幸，青州刺史袁谭，往昔曾承蒙刘备举荐为茂才，念及这份知遇之恩，在听闻刘备兵败前来投奔时，袁谭毫不犹豫地率领军队出城相迎。

袁谭深知刘备素有贤名，且麾下虽兵败但不乏能征善战之士，若能助其东山再起，于乱世局势皆有裨益。

于是，袁谭以礼相待，将刘备迎入青州境内，护送其至平原之地安歇。

刘备抵达平原后，稍作喘息，便即刻派人快马加鞭告知袁绍，详述自身遭遇与当下局势。

袁绍作为彼时北方实力最为雄厚的诸侯之一，亦对曹操权势扩张心怀忌惮，听闻刘备前来投奔，且携带着衣带诏事件余波而来，意识到这是一个联合各方反曹力量，削弱曹操势力的绝佳契机。

于是，袁绍亲率大军，离开邺城（今河北临漳），出城二百里相迎，尽显对刘备的重视与拉拢之意。

二人相见，执手相看泪眼，惺惺相惜之情溢于言表，袁绍对刘备好生款待，将其在军中妥善安置。

此后的一个多月里，刘备那些在兵败逃亡途中散落四方的士卒，听闻主公下落，纷纷循迹而来，慢慢集结于此，犹如涓涓细流汇聚成河。刘备的势力也在这短暂的休养生息间，悄然有了复苏的迹象，等待着下一次在乱世中崛起、逐鹿的时机。

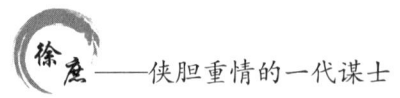

二、曹袁交恶起纷争

东汉建安五年（200）二月，春风尚未吹散东汉朝野上下那股肃杀的寒意。

就在这时，袁绍率先发难，一篇讨伐曹操的檄文如同一颗重磅炸弹，在天下间轰然炸响，又激起了千层舆论波澜。

文中，袁绍以笔为剑，言辞犀利且激昂愤慨，痛斥曹操"豺狼野心，潜包祸谋，乃欲桡折栋梁，孤弱汉室，除忠害善，专为枭雄"。

在他笔下，曹操就是一个处心积虑、妄图篡汉的奸佞之徒，平日里隐藏着狰狞獠牙，暗中谋划种种祸事，肆意打压朝堂栋梁之材，致使汉室越发衰微，忠臣良将惨遭迫害，其种种行径尽显枭雄本色，不除不足以正朝纲、安天下。

这份檄文，既是袁绍对曹操的公开宣战，彰显其师出有名、替天行道的"正义"立场，也是在向天下诸侯、仁人志士发出号召，意图拉拢各方势力，共同对抗曹操，组建起一支浩浩荡荡的反曹联军，为即将到来的大战铺垫声势、凝聚人心。

到了三月份，袁绍已经按捺不住，带领着大军率先开拔，气势汹汹地进军黎阳（今河南浚县东），剑指曹操势力范围。

为保障主力部队能够顺利渡河南进，袁绍派遣麾下大将颜良，统领精兵强将，进围白马（今河南滑县城关镇东），对东郡太守刘延所部发起猛攻。

白马城作为战略要冲，城墙虽坚固，可在颜良大军的持续攻击下，亦是岌岌可危，刘延赶忙派人向曹操告急请援，十万火急的军情仿若一道催命符，促使曹操即刻做出应对之策。

四月，曹操深知白马若失，侧翼将完全暴露在袁绍大军的锋芒之下，局势危如累卵，于是曹操果断决定北救刘延。

此时，谋士荀攸挺身而出，献上一条精妙绝伦的奇谋。

他建议曹操佯装在延津（今河南延津西北至滑县以北一带）渡河，大张旗鼓地做出此番"声东击西"之举，旨在诱使袁绍分兵延津，分散其兵力部署。

曹操目光炯炯，瞬间洞悉其中深意，当机立断依计而行。

果不其然，袁绍听闻曹操欲从延津渡河断其后路，心中大惊，为保后方安全，立即分兵向西，挺进延津，主力部队被成功

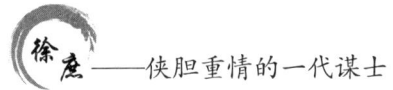

调离白马战场。

曹操见袁绍中计，毫不迟疑，趁机亲率大军，如离弦之箭般向白马疾进。当曹军距白马仅有十余里时，颜良才惊觉曹操大军已如神兵天降般出现在眼前，顿时大惊失色，仓促之间只能匆忙迎战。

曹操这边，派出了勇冠三军的将军张辽、关羽率先进击。

关羽，这位日后威震华夏的名将，彼时虽寄身曹营，却一心念着建功立业、报答知遇之恩。只见他跃马挺枪，立于阵前，目光如炬，遥望颜良那威风凛凛的麾盖，心中涌起一股无畏豪情，毫不犹豫地催动战马，如一道黑色闪电般直冲敌阵。

在万众瞩目之下，关羽裹挟着一往无前的气势，单枪匹马闯入敌群，手中长枪如龙蛇舞动，精准地刺向颜良。电光石火之间，颜良竟被其一枪刺死，关羽顺势斩下其首级，提于手中，而后毫发无损地回归本阵。整套动作一气呵成，仿若天神下凡，尽显绝世勇力。

曹军将士见此壮举，士气大振，曹操见状，顺势指挥大军奋勇冲杀。袁军本就军心大乱，此刻哪里抵挡得住曹军的猛烈攻势？顿时大败溃散，白马之围遂解。曹操以巧计与勇将之力，赢得了这场关键战役的开门红。

"白马之战"后，由于曹操此前的佯攻策略奏效，袁绍误判形势，令前锋部队沿河向西，朝着延津方向进发，意图寻机与曹操主力决战。

曹操这边，深知袁绍大军来势汹汹，并未掉以轻心，率军返回延津后，在白马南方的南阪下精心扎下营寨。

此营寨选址颇为巧妙，位于距离河岸有一段距离的防洪堤坝南侧，凭借地形优势，当曹操派人哨探袁军动向时，袁绍大军在北岸竟无法窥见曹军虚实，犹如被一层无形的迷雾所遮蔽。

起初，曹操的探子回报，称路上有五六百骑兵出现。未几，又报告骑兵数量稍有增加，且后方步兵密密麻麻、不可胜数。曹操闻报，却神色沉稳，大手一挥，不让探子再继续汇报，反而下令让骑手卸鞍放马，做出一副毫无防备、松弛懈怠的模样。

此时，白马的运输车队恰好在堤坝北侧，毫无遮拦地暴露在袁绍军视野之中。曹军一些将官觉得敌军骑兵众多，声势浩大，心生畏惧，纷纷建议返回守营，暂避锋芒。

然而，军师荀攸却洞察先机，力排众议，冷静地说道："此乃我们精心谋划的诱敌之策，此时若退，前功尽弃，怎能离开！敌军见我们这般松懈，定会心生轻视、贸然进逼，届时便是我们反击的绝佳时机。"

事态正如荀攸所料，袁绍的骑兵主将文丑和刘备率领着五六千骑兵，如汹涌潮水般相继追来。眼见敌军越来越近，马蹄声震得大地都微微颤抖，曹操的军士们心内忐忑，纷纷望向曹操，意欲上马迎敌，可曹操却神色冷峻，直至袁绍的骑兵越发骄纵，散开队形劫掠物资，阵脚大乱之时，曹操才猛地大喝一声，令军士上马。

刹那间，曹操手下那看似不足六百人的军士们，如蛰伏已久的猛虎出山，个个奋勇争先，跳上马背，呐喊着冲向敌军。

他们虽人数稀少，却凭借着高昂士气、严明纪律以及对时机的精准把握，向袁绍军发起了凌厉攻击。

袁绍军本以为曹军不堪一击，正肆意抢掠，毫无防备，被这突如其来的反击打得措手不及，顿时乱作一团，节节败退，主将文丑在混战中阵亡。曹军再次以弱胜强，赢得了这场斗智斗勇的关键对决。

经白马、延津两战，曹操虽连挫袁军锐气，可袁绍毕竟家大业大，大军连营而进，东西绵延数十里，依沙堆为屯，宛如一条钢铁铸就的巨龙盘踞在中原大地，整体局势依旧对曹军极为不利。曹操审时度势，果断退守官渡（今河南中牟东北），凭借此地险要地势，构筑起坚固防线，以图坚守待变。

而袁绍大军则集结在阳武（今河南省北部），与曹军对峙数月之久，双方你来我往，互有攻守，战事陷入胶着状态。

随着时间的推移，曹军粮草渐尽，军中开始弥漫起焦虑与不安的氛围，形势越发危急。

恰在此时，袁绍谋士许攸，因向袁绍献偷袭许都之计不成，又听闻在河北的家眷犯法被抓，心生悔恨与不满，深感在袁绍处前途黯淡，遂毅然决定投奔曹操。曹操听闻许攸来投，如久旱逢甘霖，欣喜若狂，竟顾不得穿鞋，跣出迎之，尽显对贤才的渴慕与尊重。

许攸也不负所望，献计让曹操偷袭乌巢（今河南延津境内）。

乌巢，作为袁绍大军的粮草囤积之地，犹如袁军的心脏，一

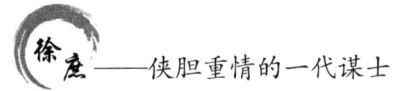

旦失守，大军便会陷入断粮绝境。

曹操深知此计若成，将是扭转战局的关键，当即亲率五千精锐步骑，全军上下人衔枚、马勒口，悄无声息地换上袁军军装，用袁军旗帜，趁着夜色掩护，从小路如鬼魅般直扑乌巢。

曹操军至乌巢，见四下防备虽有却并不严密，当即果断下令四面放火。一时间，乌巢火光冲天，喊杀声四起，袁军从睡梦中惊醒，顿时大乱。

淳于琼，作为乌巢守将，虽奋力据营死守，可在曹操军的猛烈攻击下，亦是独木难支。

袁绍闻知乌巢遇袭，起初并未意识到事态严重性，反而认为这正是攻破曹操大营的天赐良机，于是仅派张郃、高览等将领率少量援兵前往乌巢，却以重兵围攻曹操大营。

然而，曹操早有防备，预留兵力精且多，曹营稳如磐石，未被攻破。

而乌巢这边，一曹操士卒建言："贼骑稍近，请分兵拒之。"曹操深知此时分心，必将功亏一篑，顿时大怒道："贼在背后，乃白！"士卒们闻言，深知此战关乎生死存亡，皆拼死力战，在曹操的激励下，越发奋勇，大破袁军，斩杀淳于琼等将领，将乌巢粮草尽皆焚毁。

当袁绍听闻乌巢败讯传来，大军顿时军心涣散，大将张郃、高览等人见大势已去，率部投降曹操，袁军犹如一盘散沙，彻底溃散。袁绍见败局已定，痛心疾首，无奈之下弃军而逃，狼狈地逃回黄河以北。

曹操则大获全胜，坑杀袁军俘虏七万人，凭借此战的辉煌胜利彻底奠定了自己在北方的霸主地位，为日后统一北方铺平了道路。此战亦成为三国历史进程中具有决定性意义的转折点。

三、刘备困窘投刘表

东汉建安五年（200）七月，暑气尚未全然退去，汝南（今河南平舆北）之地却已是风云涌动，局势变幻莫测，恰似一潭平静湖水被猛然投入巨石，泛起层层惊涛骇浪。

彼时，汝南黄巾军残部在首领刘辟的统领下，长期蛰伏于乱世夹缝之中，历经战火洗礼、岁月磨砺，对局势有着敏锐嗅觉。

眼见袁绍与曹操两大势力在官渡剑拔弩张、鏖战正酣，权衡

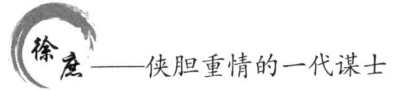

之下，刘辟果断率部叛离旧主，投奔袁绍麾下，意图在这乱世纷争中寻得更为坚实的靠山，凭借新主之势，谋取生存发展、一展抱负。

袁绍得此助力，自是求之不得，旋即谋划布局，试图从侧翼撕开曹军防线，以扰敌后方、乱其军心。

他深知刘备素有贤名，麾下又有关羽、张飞等猛将，虽曾暂时寄身曹营，却心怀壮志、不甘久居人下，且与曹操之间因衣带诏之事结下深仇，便授命刘备领兵，与刘辟合兵一处，挥师直逼许都以南，展开大肆寇略之举。

一时间，许都以南地区烽火连天，村落饱受兵燹之灾，百姓流离失所，鸡犬不宁。

关羽，彼时正身处曹营，虽曹操待其甚厚，恩赏有加，三日一小宴，五日一大宴，金银财宝、美女骏马络绎不绝送上，妄图笼络其心，使其彻底归服。然而，关羽心中念念不忘的，始终是与刘备的情谊，那曾经一起奋斗、同甘共苦的回忆如同一把火炬，在他心间熊熊燃烧，从未曾熄灭。

得知刘备在汝南举事与刘辟遥相呼应，关羽当机立断，毅然决然地踏上了亡归之路。

他单枪匹马，冲破重重阻碍，凭借着绝世武艺与无畏胆略，巧妙避开曹军眼线，星夜兼程赶赴汝南，只为早日重回刘备身边，助兄长成就大业。其忠肝义胆之举，日后在江湖间传为美谈，关羽也成为千古忠义的楷模。

刘备这边在与刘辟携手作战过程中，一路南下抵达汝南，机缘巧合之下，又与黄巾军余党龚都取得联系。

龚都所部，亦是在乱世中求存的一支武装力量，久慕刘备之名，见其到来，欣然率部归附。

两支力量合流，一时间竟也汇聚起数千之众，在汝南之地扎下根基，隐隐有成为一方割据势力之势，对曹操后方构成了不小的威胁。

曹操听闻汝南生变，又惊又怒，深知若任由刘备等人在后方肆意妄为，官渡前线军心必乱，战局堪忧。当即派遣麾下大将蔡阳，领精兵良将，火速奔赴汝南，妄图以雷霆之势剿灭刘备所部。

蔡阳，素以勇猛善战著称，接令后踌躇满志，率军一路疾

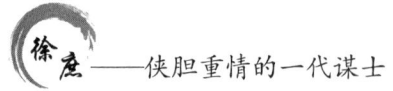

驰，直扑刘备营地。

然而，刘备岂是等闲之辈，他久经沙场，深谙用兵之道，见蔡阳来势汹汹，却并不慌乱，沉着布阵，依托有利地形，与麾下将士严阵以待。

待到双方短兵相接，喊杀声震彻云霄，刘备一马当先，手中双股剑寒光闪烁，率领将士奋勇拼杀。

一番激战下来，蔡阳终因轻敌冒进，陷入刘备军的包围圈，在乱军之中被刘备亲手斩杀。曹军大败而归，四散溃逃。

曹操见蔡阳兵败，并未就此罢休，又遣曹仁这位威名赫赫的宿将，再度领军出击。

曹仁，深谙军事谋略，行军布阵极为严谨，麾下士卒亦是训练有素、战斗力强悍。

他率大军抵达汝南后，并不急于进攻，而是先仔细勘察地形，分析刘备军的兵力部署、作战习惯，而后精心谋划战术。

刘备这边，虽刚经历一场胜仗，士气正旺，但面对曹仁这般强敌，亦不敢有丝毫懈怠。

双方列阵对峙，气氛紧张得仿若弓弦紧绷，一触即发。

随着曹仁一声令下，曹军如潮水般汹涌扑来，攻势一波接着一波，绵绵不绝。

刘备军拼死抵抗，然终究在兵力、装备以及军事素养上稍逊一筹，渐渐难以支撑，战阵多处被突破，士卒死伤惨重，局势越发危急。

刘备见大势已去，为保存实力，无奈之下，只得率残兵败将，踏上投奔刘表之路。

四、徐庶归刘，袁氏阋墙

东汉建安六年（201），金秋九月。

荆州，彼时在刘表治下，繁华昌盛，土地肥沃，人口密集，是南方不可小觑的一方势力。

刘表身为东汉末年宗室名臣，素以礼贤下士、宽厚仁慈著称，虽无逐鹿中原的霸王之志，却一心守护荆州这片乐土，保境安民。

得知刘备前来投奔，刘表亲至郊外迎接，场面盛大而庄重。只见官道两旁，荆州官吏、士兵整齐列队，彩旗飘扬。刘表乘坐

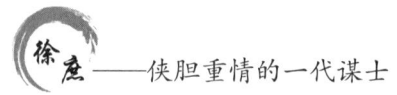

高车驷马，行至刘备面前，满脸笑意，拱手相迎，言辞恳切，尽显敬重之意，待刘备以上宾之礼，尽显其求贤若渴、善待英豪的风范。

不仅如此，刘表念及刘备新败，兵力损耗严重，为助其安顿立足，彰显诚意，慷慨地给刘备补充军队，调配精良兵器、充足粮草，安排刘备驻屯新野（今河南新野）。

新野，虽地域不大，却也是军事要冲，地势险要，易守难攻，周边水路、陆路交通便利，可进可退，实乃休养生息、积攒实力的理想之地。

刘备至此，心中满是感激，遂暂栖于荆州，整军经武，广纳贤才，默默等待东山再起之机。

而在这一连串跌宕起伏的事件背后，徐庶的命运如同一缕若隐若现的丝线，与刘备紧密交织。

徐庶出身寒门，却凭借惊世之才在乱世中崭露头角。

当刘备广纳贤才之际，他听闻消息，便立刻动身上门毛遂自荐。

经过一番交谈之后，刘备发现徐庶果然是一位难得的人才。

而更巧的是，此刻他手下正好缺一位如同徐庶这般的人才为自己出谋划策。

于是，刘备从这天起便将徐庶留在身边做自己的谋士。

在刘备麾下，每逢战事，徐庶总能洞察先机，凭借敏锐的军事洞察力与奇巧谋略，助刘备在曹军的围追堵截中屡屡突围，化险为夷，深受刘备敬重与信任，二人惺惺相惜，情谊深厚。

在那样一个群雄逐鹿的年代里，有很多英雄、枭雄都比刘备强，而徐庶却偏偏最终选择了刚创业不久的刘备，其中蕴含着诸多复杂且深刻的缘由，主要有以下几点：

其一是刘备的人格魅力。

刘备作为汉室宗亲，虽出身不显，历经半生坎坷，辗转流离于诸侯之间，却始终秉持着"仁""义"二字立身行事，声名远播。

刘备无论身处何种境地，对待有才之士尽显尊重与诚恳，其礼贤下士之举绝非流于表面的虚情假意，而是发自肺腑、根植于心的品性使然。

初至新野，刘备广纳贤才的名声便不胫而走。

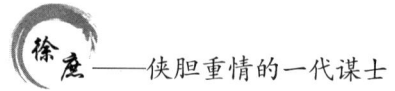

徐庶慕名而来，初见刘备，便见其亲迎于营帐之外，面容和蔼，言辞谦逊有礼，全无一丝傲慢骄矜之态。

交谈间，刘备目光诚挚，倾耳聆听徐庶所言，对其观点见解频频予以点头回应，珍视之意溢于言表。

每逢议事，刘备必邀徐庶至上座，待以师友之礼，悉心问询军政方略，即便意见相左，亦耐心听完，而后平和探讨，给予徐庶充分的表达空间与尊重。

这种发自内心的敬重，与那些倚仗权势轻慢谋士的诸侯形成鲜明对比，恰似冬日暖阳，暖人心扉，让久在乱世、受惯冷言冷语、渴求明主的徐庶深受触动，认定刘备乃可托终身、共图大业的仁义之君，甘愿追随其鞍前马后，以报知遇之恩。

其二便是汉室正统的吸引力。

东汉末年，汉室虽衰微倾颓，然四百年江山余威尚在，"汉室正统"观念犹如一条无形却坚韧的纽带，深深束缚且凝聚着天下士人的忠心与期望。

在传统儒家思想熏陶下，众多饱学之士秉持着"忠君爱国""匡扶社稷"的理念，视恢复汉室荣光为毕生之志。

刘备身为中山靖王之后，汉室宗亲血脉赋予他天然的政治资本与使命感。因此他高举"兴复汉室"大旗，奔走呼号于四方，所到之处，皆宣扬讨贼靖乱，还于旧都之宏愿。

徐庶自幼浸染于儒家经典，深受忠君爱国思想浸润，心怀澄清天下、辅佐正统之抱负。当目睹刘备以皇叔身份，于艰难困厄中不屈不挠、矢志不渝地朝着复兴汉室目标砥砺前行时，徐庶内心的壮志豪情与之共鸣激荡。

在徐庶眼中，刘备之举不仅是为个人成就霸业，更是承载着延续大汉国祚、拯救黎民于水火的神圣使命，契合自身政治理想，故而毅然投身其麾下，冀望成为助力汉室复兴的股肱之臣。

其三便是徐庶对自身才能施展空间的考量。

徐庶出身颖川，此地素为人文荟萃、英才辈出之所。

而徐庶虽早年喜欢舞枪弄棒，到处惹是生非，最后却浪子回头，弃武从文，在浓厚学术氛围中潜心钻研，兼之天资聪颖、勤奋好学，于军事谋略、政治洞察等诸多领域造诣颇深。他胸藏锦绣，腹有良谋，心怀治国安邦之大略，渴望在乱世之中一展身手，建功立业，留名青史。

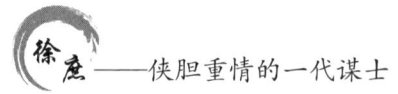

彼时，各路诸侯或已谋士如云、阵营稳固，内部权力结构盘根错节，新晋之士难觅崭露头角之机；或目光短浅、刚愎自用，只重眼前利益、武力征伐，轻视谋士建言，将贤才智慧束之高阁。

而刘备彼时蛰居新野，势力弱小，犹如璞玉蒙尘，正处于急需人才扩充智囊、扭转乾坤之关键节点，恰似一张白纸，可任由徐庶挥毫泼墨，勾勒宏图。

刘备求贤若渴，对徐庶之才如获至宝，许以充分权力与信任，委以军事谋划、政务参详等重任，使其建言能直达决策核心，化为实际行动。

于徐庶而言，这是梦寐以求的施展舞台，能尽情释放才华，将所学所思付诸实践，验证韬略，实现抱负，因此倾心归附，欲与刘备共创辉煌。

其四是地缘人脉影响。

徐庶因避战乱，与同郡的石韬辗转流落至荆州之地。荆州，在东汉末年堪称一座相对安宁的"避风港"，沃野千里，民生富庶，文风昌盛，吸引无数贤才汇聚于此。

刘备彼时屯驻新野，亦身处荆州境内，地缘上的相近为徐庶与刘备的接触创造了天然契机。

更为关键的是，徐庶与当时荆州名流圈的核心人物交往密切。

徐庶与"水镜先生"司马徽常切磋学问、纵论天下，于思想碰撞间拓宽视野、明晰局势；又与诸葛亮结为挚友，二人惺惺相惜，于草庐之中探讨兵法、剖析时政。徐庶对诸葛亮之才钦佩有加，亦通过诸葛亮对刘备有了更为深入且直观的了解。

司马徽盛赞刘备仁德布于四海，贤能之士皆愿归附。在他的影响下，徐庶对刘备的为人、志向、潜力有了全方位的认知，在周边人脉氛围的烘托与推动下，终决定投身刘备阵营，开启逐鹿乱世、施展抱负的征程，也由此在三国历史长河中留下了浓墨重彩的一笔。

花开两朵，各表一枝。

回过头来，再说一说袁绍这边的情况。

当时袁绍膝下有三子，长子袁谭，次子袁熙，幼子袁尚。

本来这三兄弟各有禀赋，然而命运纠葛，在其父袁绍的继承权安排下，埋下了兄弟阋墙的祸根。

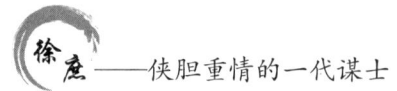

袁绍后妻刘氏，对幼子袁尚偏爱有加，时常在袁绍耳畔夸赞袁尚聪慧机敏、才略出众，久而久之，袁绍心底也萌生了立袁尚为继承人的念头，只是碍于长幼有序的传统，未曾明言宣示。

为铺垫袁尚上位之路，袁绍寻了个由头，将长子袁谭过继给已逝兄长，顺势打发其离开邺城，远赴青州担任刺史，美其名曰历练，实则让其远离权力核心。

沮授，这位素有谋略、忠心耿耿的谋士，见状赶忙劝阻："主公，世人常言，一万个人追逐一只野兔，只要一人擒获，旁人纵有贪念，也会罢手，只因归属既定。袁谭身为长子，依礼当为继承人，您如今这般安排，将他排斥在外，怕是灾祸之源哪，望主公收回成命！"

袁绍却不以为然，摆了摆手，解释道："我不过是想让儿子们各自主持一州事务，借此考察他们的能力优劣，也好择优而定。"话虽如此，众人心中却隐隐预感，一场风暴正在袁家内部悄然酝酿。

于是，袁熙被委以幽州刺史之职，外甥高干也受命执掌并州，袁家势力看似稳固扩张，实则暗流涌动。

谋士逢纪和审配向来与袁谭不合，彼此积怨已久；而辛评和郭图则坚定拥护袁谭，两方阵营矛盾重重，犹如绷紧的弓弦，一触即发。

待袁绍一病不起，溘然长逝，局势瞬间失控。众人秉持传统，皆以为袁谭身为长子，理应继承袁绍衣钵，主持大局。

可审配等人却心怀鬼胎，深恐袁谭掌权后，辛评等人借机报复，便铤而走险，假传袁绍遗命，拥立袁尚为继承人。

袁谭闻父丧讯，匆匆自青州赶回奔丧，满心以为能顺理成章接过权柄，却遭当头一棒。职位被夺，悲愤交加之下，他自称车骑将军，驻军黎阳，以示抗议与不甘。

袁尚对这位兄长心存忌惮，只拨给寥寥兵力敷衍，还派逢纪前去监视。袁谭屡次请求增兵，均被审配等人商议否决。新仇旧恨交织，袁谭怒火中烧，一不做，二不休，杀了逢纪，兄弟间的嫌隙彻底演变成兵戎相见的局面。

时逢秋季，九月金风萧瑟，曹操瞅准袁家内乱时机，果断挥师渡过黄河，剑指袁谭。

袁谭孤立无援，无奈向袁尚求救。袁尚权衡之下，留下审配

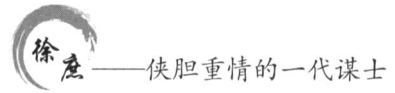
镇守邺城，亲率大军奔赴黎阳，与袁谭合军一处，对抗曹操。

可曹操军威赫赫，麾下猛将如云、谋士如雨，几场交锋下来，袁谭、袁尚联军兵败如山倒，节节败退，只能龟缩营寨，苦苦支撑。往昔袁家荣光，此刻在曹军铁骑践踏下，摇摇欲坠。

袁尚不甘坐以待毙，为求破局，派遣河东郡太守郭援，会同高干、匈奴单于，气势汹汹地进攻河东郡，妄图开辟新战场，牵制曹操兵力。

同时，他还遣使远赴关中，联络马腾等诸侯，许以重利，邀其共同起兵。马腾等人忌惮曹操权势，又垂涎袁家许诺，暗中应允。一场更大规模的混战，如阴霾般在华夏大地笼罩开来。

郭援所率联军，一路势如破竹，沿途县城或被强攻而下，或望风而降，其兵锋直指绛县（今山西新绛一带）。

绛县有能吏贾逵，坚守城池，抵御郭援的猛攻。郭援见绛县久攻不下，心生焦躁，城中父老为求自保，与郭援约定，只要不害贾逵，便愿开城投降。郭援应允。

城破之后，郭援惜才，欲强纳贾逵为麾下将领，贾逵大义凛然，坚拒不从。郭援恼羞成怒，命人胁迫其叩头臣服，贾逵怒目圆睁，厉声呵斥："哪有国家官员向贼人叩首之理！"

郭援一听此言，顿时暴跳如雷，当即就要斩杀贾逵，危急时刻，有忠义之士俯身护住贾逵。绛县百姓听闻长官将遭毒手，群情激愤，登上城墙呼喊："若背弃誓言，杀害良官，吾等愿拼死一战！"

郭援无奈，只得将贾逵押解至壶关（今山西黎城东北太行山口），囚于地窖，用车轮封堵洞口。

贾逵身处绝境，却仍高声呼喊："此间难道无英雄好汉，要让义士冤死于此？"

或许是冥冥天意，壮士祝公道恰闻其言，感佩贾逵气节，趁夜潜入，悄然救走贾逵，解开刑具，助其逃脱，事了拂衣去，深藏身与名。

曹操得知河东危急，急派司隶校尉钟繇围堵匈奴单于于平阳（今山西临汾西南）。然战事胶着，久攻未下，敌军援军又至，局势岌岌可危。

钟繇遂遣新丰县令张既赶赴马腾处，剖析利害，劝其出兵助曹。

马腾生性谨慎，犹豫不决，部下傅干见状，进言劝谏："古人有言'顺道者昌，逆德者亡'。曹操尊奉天子，平叛治乱，法纪严明，上下齐心，此乃顺道之举；袁氏仗势犯上，勾结外虏侵扰中原，实是逆德之行。将军既已尊奉朝廷，如今却骑墙观望，一旦曹操得胜，追责问罪，将军定是首当其诛者！"

马腾闻言，冷汗如雨，心生恐惧。傅干趁热打铁："明智之人，能转祸为福。当下曹操与袁氏相持，高干、郭援肆虐河东，曹操纵有妙计，亦难兼顾。将军若此时出兵征讨郭援，内外夹攻，必能凯旋，既斩断袁氏臂膀，解河东之危，又能得曹操感激，功成名就，再无后顾之忧。"

马腾权衡再三，终被说动，遣子马超率一万余精兵与钟繇会合，战局由此悄然扭转。

与此同时，刘表帐下刘备，奉令向北进军，兵锋直指叶县（今河南叶县南）。

曹操得讯，即刻派遣夏侯惇、于禁等大将率军抵挡。

刘备见曹军势大，心生巧计，佯装不敌，突然放火烧毁自家军营，佯装败退。

夏侯惇求胜心切，不辨虚实，执意领军追赶，神将军李典见状，赶忙劝阻："刘备无故撤退，恐有埋伏，南边道路狭窄，草木繁茂，贸然追击，恐中奸计！"

夏侯惇却置若罔闻，命李典留守，自率大军深入，果不其然，陷入刘备预设的埋伏中，曹军阵脚大乱，大败而归。

亏得李典及时率军救援，夏侯惇才免被俘之辱。刘备见好就收，从容撤军。此事后经民间演义，在《三国演义》中被勾勒为诸葛亮神机妙算的经典战例——火烧博望，传颂四方。

第四章

孔明扬声　徐庶两难

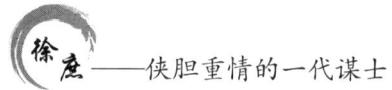

一、徐庶荐贤引孔明

自从徐庶投靠刘备之后，刘备便对其委以重任，诸多事务皆与其商议。

相处数日，徐庶深感刘备仁德宽厚、志向高远，决意全心辅佐。

一日，徐庶进言："将军，诸葛孔明者，号'卧龙'，有匡世之才，宛如潜渊之巨龙，只待风云际会，便能扶摇直上、翱翔九天。将军可有意愿一见？"

刘备大喜，忙道："既如此，还望先生与他同来营帐，共商大事。"

徐庶摇头正色道："此人非凡俗之辈，不可轻慢召唤，将军当亲往拜谒，以示诚意，方可得其相助。"

刘备闻言，深以为然，遂整顿衣冠，备下厚礼，带着关羽、张飞，满怀期许地奔赴隆中诸葛亮居所。

因为诸葛亮这名字刘备听过。记得曾经他拜访司马徽时，对方也向自己推荐过此人。

"既然司马先生与徐庶都向我推荐此人，想必定是千年难遇的奇人。"

隆中（今湖北襄阳西），山水相依，翠林环抱，宛如世外桃源，却隐匿着能定鼎天下的大才。

初次到访，刘备满心憧憬，只盼能即刻与诸葛先生促膝长谈，然事与愿违，诸葛亮恰外出访友，不知归期。

草庐柴扉半掩，屋内简朴素雅，满是经史典籍。刘备环顾四周，虽未见其人，却已能窥得几分先生的高洁与才情，无奈之下，只得留下口信，怅然离去。归途中，张飞性急，嘟囔抱怨路途辛苦却寻人无果，刘备却沉声道："贤才难遇，岂因一次波折便轻言放弃？我必当再访。"

数日之后，刘备再启行程。此时正值寒冬，风雪交加，道路泥泞不堪，可求贤之心炽热，何惧风霜。

待到隆中，却依旧不见诸葛亮身影，童子告知先生又外出闲游，踏雪寻幽去了。张飞见状，火冒三丈，扯着嗓子喊要回去，刘备赶忙劝阻，留下一封言辞恳切、满是敬意与诚意的书信，详述自身抱负、汉室困境，恳请诸葛亮出山相助，而后顶风冒雪，缓缓返程。

两次求访不得，关羽心生疑虑，私下劝刘备："兄长，这诸葛亮或许徒有虚名，何必再去？"

张飞更是叫嚷着用强硬手段把诸葛亮"绑来"便是。刘备听闻，神色骤厉，责备二人："我等求贤，当以赤诚相待，怎可如此莽撞无礼？诸葛亮若肯出山，便是我等之福，万不可胡来！"

待风雪稍歇，刘备斋戒三日，净心诚意，三度踏上前往隆中之路。

此次抵达，正值晌午，阳光洒在草庐之上，暖意融融。

刘备轻叩柴扉，童子开门，示意先生正在草堂午睡。刘备赶忙摆手，示意莫要惊扰，而后与关张二人静立门外，神色恭敬，仿若雕塑。时光缓缓流逝，直至日影西斜，诸葛亮悠悠醒转，见刘备等人在外伫立许久，不禁又惊又叹，感其赤诚，忙请入内。

第四章　孔明扬声　徐庶两难

宾主入座，茶香袅袅，刘备屏退左右，袒露心声："汉室倾颓，奸臣董卓、曹操之流，窃据朝政，挟持天子，肆意妄为，致使生灵涂炭，天下大乱。备虽身份低微，却不甘汉室就此沉沦，多年来奋力抗争，奈何智谋短浅，常陷困境。然壮志未酬，雄心不灭，今日特来请教先生，当如何破局，重振汉室雄风？"

诸葛亮目光炯炯，起身踱步，侃侃而谈："自董卓以来，豪杰并起，如今局势，曹操已拥百万之众，且挟天子而令诸侯，占尽天时，势力根深蒂固，实不可与之正面争锋。孙权承父兄基业，据有江东，历经三世经营，地势险要，有长江天险为依托，民心归附，贤才汇聚，内部稳固，此可与之为盟，共抗曹操，切不可生觊觎之心，妄图算计。"

言至此处，诸葛亮轻挥羽扇，指向荆州方向："再看荆州，此乃兵家必争的用武之地，北依汉水、沔水，作天然屏障，南可直通南海，尽享鱼盐之利，东连吴郡、会稽，商业繁盛，西通巴郡、蜀郡，地域广袤，乃咽喉要冲。可惜刘表为人多疑，胸无大志，坐拥宝地却守不住，此乃天赐良机，正该为将军所得。"

继而转身，又道："益州之地，四边皆有高山险阻，仿若天然城郭,其间沃野千里,物产丰饶,号为'天府之国'。然刘璋昏庸懦弱,空有富庶之地,北边还有张鲁虎视眈眈,百姓虽殷实,官府亦财力充足,却不知善加利用,致使贤才无用武之地,皆盼明主降临。将军身为汉室后裔,信义著于四海,若能先取荆州为根基,再图益州,据守险要,安抚戎、越等边民,结好孙权,对内革新政治,整肃吏治,轻徭薄赋,凝聚民心;对外审时度势,待机而动,如此,则霸业可成,汉室可兴矣!"

刘备听得热血沸腾,犹如暗夜见曙光,豁然开朗,起身离座,深施一礼:"先生所言,令备茅塞顿开,如拨云见日,此乃天赐先生助我。愿先生出山,助我成就大业,备必当以师礼相待,倾心相从。"

诸葛亮见刘备诚意满满,志存高远,且与己志同道合,欣然应允。

自此后,诸葛亮便随刘备返回,朝夕相处,为其出谋划策。

关羽、张飞起初不满刘备对诸葛亮过分倚重,颇有微词。

刘备见状,召集二人,耐心劝解:"我得孔明,犹如鱼得水,他之才略,可助我解困局、图大业。往后万不可再心生嫉妒,我等兄弟齐心，再添孔明之智，何愁大事不成？"

关羽、张飞闻言，忆及往昔情义，又念及刘备良苦用心，遂收起怨言，接纳诸葛亮。至此，徐庶和诸葛亮都成为刘备麾下的谋士。

到这里，相信很多人都有一个疑问，徐庶为什么会向刘备推荐诸葛亮呢？

对此，笔者分析，主要有以下两点原因：

一是出于对天下局势和刘备未来发展的考虑。

徐庶此人重情重义，颇有侠义之心。他感念刘备的知遇之恩，所以总希望自己的到来能对刘备产生积极影响。当时刘备虽有关羽、张飞等猛将，但在诸侯混战中仍处于劣势，缺乏稳固的根据地和明确的战略规划，急需一位有远见卓识的谋士为其指点迷津，以应对复杂多变的政治、军事形势。

诸葛亮出身名门，在荆州地区有着广泛的人脉关系和社会影响力。其岳父黄承彦是当地名士，与荆州的蒯氏、庞氏等大族皆有姻亲关系。

刘备若得诸葛亮相助，可借助其人脉网络，更好地在荆州地区站稳脚跟，招揽人才，扩充实力，为未来的发展奠定基础。

二是英雄惜英雄之情。

徐庶与诸葛亮二人皆为胸怀大志、腹有良谋的当世才俊，彼此之间相互敬重、相互欣赏。

徐庶深知诸葛亮的才华和抱负，不希望他的才能被埋没于乡野之间，希望他能有机会出山辅佐明主，一展身手，实现自己的政治理想和人生价值。他们都怀有复兴汉室、拯救苍生的理想，徐庶相信诸葛亮与自己一样，愿意为了这一共同目标而奋斗。

因此，他向刘备推荐诸葛亮，也是希望二人能够携手共进，共同为实现这一伟大理想贡献力量。

二、谋定乾坤，权衡利弊

光阴似箭，岁月如梭。

这说话间的工夫，时间便来到了东汉建安十二年（207）。

这一年的二月，春寒尚未散尽，风中依旧带着料峭之意。曹操结束了在淳于（今山东安丘市东北杞城村）之地的诸事，率领着麾下大军，浩浩荡荡返回了邺城。

第四章　孔明扬声　徐庶两难

邺城，这座历经岁月沧桑、饱览人间烽火的城池，彼时在曹操的经营下，日渐成为其霸业根基所在。巍峨的城墙、熙攘的街巷，皆彰显着蓬勃气象。

这一日，曹操心怀对麾下众将士的嘉许与犒劳之意，郑重上奏献帝，言辞恳切、条理分明地陈述诸将功绩，恳请对二十余名大功臣予以封赏。

在那庄重肃穆的朝堂之上，献帝端坐龙椅，审阅奏章，感于曹操所奏属实，亦为笼络人心、稳固朝纲，当即准奏。于是这二十余位功臣皆得以封侯，荣耀加身，满朝文武，一时传颂。

曹操念及荀彧之功，更是不吝笔墨，单独上表称赞万岁亭侯荀彧的功绩。

荀彧素有"王佐之才"的美誉，自追随曹操以来，坐镇后方，犹如定海神针，为其出谋划策、调度物资、举荐贤才。曹操诸多战事能克敌制胜，诸多政令能畅行无阻，荀彧功不可没。

三月，春光明媚之际，曹操决意再度厚赏荀彧，在其原有侯国封户基础上，慷慨地增加一千户，以彰其勋。

不仅如此，曹操还萌生提拔荀彧为三公之意，欲将其置于朝

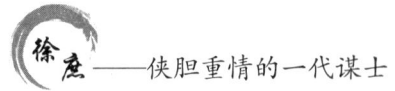

堂高位，使其能于权力核心发挥更大影响力。

荀彧闻此，却心怀谦逊，秉持一贯淡泊名利之风，派荀攸为使，向曹操恳切辞让，一次又一次，言辞诚挚、态度坚决，推让多达十余次，直至曹操见其心意已决，方无奈应允。曹操知荀彧这份操守与品性，对其越发敬重。

时过境迁，转眼间便到了夏日骄阳似火的时节。

此时的曹操又将目光投向了北方的乌桓（亦称乌丸，古族名，东胡的一支）。

彼时，袁尚兵败，如丧家之犬般逃亡至乌桓，妄图借助乌桓之力东山再起。

曹操决意出兵征讨乌桓，以绝后患。可此议一出，麾下将领们纷纷进言劝阻。

他们面色凝重，忧心忡忡道："袁尚不过是个落魄逃亡的罪犯罢了，乌桓人向来贪得无厌、薄情寡义，怎会真心受他驱使利用？如今若我大军贸然深入塞外征乌桓，南方的刘备定会乘虚而入，劝说刘表袭击许都。许都乃我大汉根基、军事要冲，一旦有变，首尾难以兼顾，届时局面失控，可就追悔莫及了！"

第四章　孔明扬声　徐庶两难

众人议论纷纷，营帐内气氛凝重压抑，唯有郭嘉，神色从容淡定，起身拱手进言："主公，诸位将军所虑虽有道理，然依我之见，大可不必担忧。主公威名，早已威震天下，乌桓人仗着地处偏远，地域辽阔，山高皇帝远，必定心存侥幸，不会预先设防。咱们此时乘其不备，发动突然袭击，恰似神兵天降，可一战而胜。再者，袁绍往昔在冀、青、幽、并四州经营多年，对当地百姓乃至塞外异族广施恩德，如今袁尚兄弟尚在人世，那些百姓不过是因畏惧主公兵威暂时臣服，实则并未真心感怀主公之恩德。倘若此刻我们弃北而南征，袁尚借助乌桓武力，振臂一呼，召集旧部，那些四州百姓与异族见风使舵，定会纷纷响应。如此一来，乌桓的蹋顿单于野心勃勃，必然生出不轨企图，到那时，青州、冀州恐将易主，脱离主公掌控。至于刘表，不过是个纸上谈兵、优柔寡断之人，他心里清楚自己驾驭不了刘备，重用刘备怕反受其制，轻用又怕刘备不为其所用。所以，即便我们调举国兵力远征乌桓，后方亦能安然无恙，主公可放心出征。"

曹操静听诸人之言，目光深邃，权衡利弊，终觉郭嘉所言在理，其分析鞭辟入里，切中要害，于是大手一挥，决意依从郭嘉

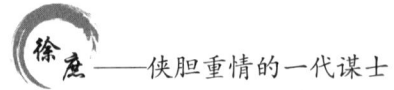
之策，出兵北征。

大军开拔，一路向北，行至易县（今属河北保定），郭嘉又进献奇谋："兵贵神速，此去乌桓千里迢迢，若携带大量辎重，行动迟缓，犹如背负巨石前行，怎能抢占先机？况且乌桓人一旦察觉我军动向，势必加强戒备，届时再想奇袭可就难了。不如舍弃辎重，轻装上阵，令将士们倍道兼程，日夜疾进，打他们个措手不及。"

曹操闻言，抚掌大笑，赞道："奉孝此计甚妙，正合我意！"当即下令，依计行事，大军如离弦之箭，向着乌桓腹地奔袭而去。

三、巧借地势伏辽东

回溯往昔，袁绍在世时，曾数次派遣使者前往无终县（今河北玉田县），欲招揽田畴。使者带着将军印信，言辞恳切，许下诸多诺言，恳请田畴出面招抚其部众，助己一臂之力，可田畴皆不为所动，毅然拒绝。

直至曹操平定冀州，河间（今属河北）人邢颙前来拜访田畴，感慨道："自黄巾军起事，至今已二十余载，天下大乱，百姓流离失所，苦不堪言。如今听闻曹公法令严明，治军有方。百姓早已对战乱深恶痛绝，常言道物极必反，大乱之后必有大治，我想先行去探探曹公虚实。"

言罢，邢颙便收拾行囊，踏上归途。

田畴望着邢颙离去的背影，赞叹道："邢颙真乃有先见之明之人啊！"

后来，曹操听闻邢颙之举，赏识其见识，委任他为冀州从事。

田畴心中，对乌桓人常怀愤恨，只因乌桓人频繁残害本郡有名望的士大夫，他早有讨伐之心，却无奈力量单薄。

恰逢曹操派使者征召田畴，田畴闻讯，欣喜不已，赶忙吩咐部属速速为他准备行装。部属们满脸疑惑，忍不住问道："往昔袁绍五次礼聘，仰慕您的大名，给出优厚条件，您都一口回绝。如今曹操的使者一来，您却这般急切，这究竟是为何？"

田畴闻言，微微一笑，神秘兮兮道："个中缘由，不是你们能够理解的！"

言罢，便随使者奔赴曹操军中，曹操见田畴气宇轩昂、谈吐不凡，知晓其才略，当即任命他为蓨令，随军进驻无终县。

岂料，大军抵达时正逢夏季，天公不作美，大雨倾盆而下，连绵不绝，沿海一带道路积水，泥泞不堪，人马难行。

乌桓人更是狡诈，在交通要道派兵严防死守，曹军前行受阻，困于原地。曹操心急如焚，愁眉不展，遂向田畴问计。

田畴成竹在胸，不慌不忙道："主公莫忧，此地道路，每逢夏秋，雨水淤积，浅处车马难通，深处舟船难行，这难题由来已久矣。想当年，旧北平郡府设在平冈，有条旧路可通过卢龙塞，直达柳城（今辽宁朝阳南）。只是自光武帝建武之后，道路毁坏，无人问津，渐渐荒废，不过路径遗迹尚在。如今乌桓人认定我们必经无终，见大军受阻，料定我们只能撤退，故而放松戒备。我们不妨佯装退兵，暗中却从卢龙塞口越过白檀险阻，直插他们毫无防备之地，此路更近，行动也便捷，攻其不备，定能不战而擒蹋顿。"

曹操闻言，眼睛一亮，连拍大腿道："妙哉！妙哉！就依先生之计。"

第四章 孔明扬声 徐庶两难

于是，曹操下令大军悄然从无终撤退，还特意在水边路旁立下一块醒目的大木牌，其上赫然写道："现在夏季暑热，道路不通，且等到秋冬，再出兵讨伐。"

乌桓人的侦察骑兵前来窥探，见此木牌，深信不疑，以为曹军当真已退，急忙回报，乌桓营地上下，顿时松懈下来。

曹操这边，命田畴率其部众为向导，大军踏上徐无山，逢山开路，遇谷填壑，艰难跋涉五百余里，一路穿过白檀、平冈，甚至大胆穿越鲜卑部落的王庭，犹如一把利刃，直插东方的柳城。

待距离柳城仅二百余里时，乌桓人才如梦初醒，惊觉曹军已如神兵天将，逼近眼前。

袁尚、袁熙、蹋顿以及辽西单于楼班、右北平单于能臣抵之等匆忙纠集数万名骑兵，妄图迎击曹军，做困兽之斗。

八月，秋高气爽，曹操大军行至白狼山（今辽宁喀喇沁左翼蒙古族自治县东境），正欲稍作休整，却与乌桓军主力突然遭遇。放眼望去，乌桓军漫山遍野，军力强盛，人喊马嘶，气势汹汹。而曹军这边，车辆辎重还在后方，随行的身披铠甲和能即刻投入战斗的将士数量稀少，相较之下，众寡悬殊。

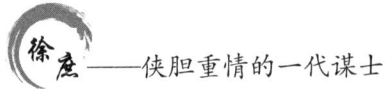

曹操左右将士见状，不禁心生畏惧，面色苍白，手脚微微颤抖。

曹操却毫无惧色，他登高望远，极目远眺，敏锐洞察到乌桓军队虽人数众多，却阵形松散、军容不整，当即果断下令纵兵攻击，以攻为守，抢占先机。

曹操任命张辽为先锋，只见张辽身着战甲，手持长刀，威风凛凛，一马当先，率领先锋部队如猛虎下山般冲入敌阵。

曹军将士受其鼓舞，士气大振，齐声呐喊，奋勇向前，一时间，喊杀声震彻山谷。

乌桓军本就猝不及防，又被曹军这股不要命的气势震慑，顿时乱了阵脚，自相践踏。

张辽冲锋陷阵，左劈右砍，如入无人之境，直取蹋顿。一番激战，手起刀落，斩杀蹋顿。乌桓各部落王爷及首领见主帅身亡，军心大乱，纷纷丢盔弃甲，或四散逃窜，或跪地投降。

此役，曹军大获全胜，斩敌无数，降者云集，胡人与汉人合计竟有二十余万之众。白狼山一战，曹操威名远扬，北疆为之震动。

第四章　孔明扬声　徐庶两难

辽东单于速仆丸与袁尚、袁熙走投无路，率领数千名骑兵投奔辽东郡太守公孙康。

彼时，曹操大军班师，行至半途，有人进言劝曹操乘胜追击，一举拿下袁尚、袁熙，永绝后患。

曹操却胸有成竹，摆了摆手，笑道："无须费力，我料定公孙康自会送来袁尚、袁熙的人头，咱们不必再劳师动众。"众人面面相觑，皆不解其意，却也不敢多问。

九月，曹操率大军不紧不慢地从柳城班师回朝。

公孙康这边听闻袁尚、袁熙来投，心中早有盘算。他深知袁尚、袁熙身份特殊，若收留他们，日后曹操追责，辽东恐难安宁；若拒之门外，又怕得罪袁氏旧部，引火烧身。思来想去，公孙康决意将计就计，先下手为强，在自家马厩中埋伏下精兵，而后佯装热情，邀请袁尚、袁熙入内。袁尚、袁熙毫无防备，刚踏入门槛，还没来得及入座，公孙康一声令下，伏兵四起，将二人五花大绑，手到擒来。

随即，公孙康毫不手软，斩杀袁尚、袁熙，连同速仆丸的人头一并送给曹操，以表忠心，邀功请赏。

将领们见此，纷纷请教曹操："主公，您已退兵，为何公孙康还会主动杀死袁尚、袁熙呢？"

曹操笑着解释道："公孙康向来畏惧袁尚、袁熙，若我急攻，他们为求自保，定会合力抵抗；我缓一缓，他们反倒相互猜忌、各怀鬼胎，自相残杀是迟早的事，此乃形势所迫，不得不为啊！"

曹操将袁尚的头颅高悬示众，严明军纪："有敢于为袁尚哭泣者，定斩不饶！"

众人噤若寒蝉，唯有将领牵招，念及旧主恩情，不顾禁令，独自设祭，放声悲哭。

曹操得知，感其忠义，非但没有惩处，反倒赞赏有加，推荐他为茂才，以为忠良表率。

这场北征乌桓之战，至此落下帷幕。曹操既平定北疆，又不费一兵一卒解决了袁尚、袁熙，尽显雄略与权谋，为其逐鹿天下之路再添辉煌篇章。

四、设计劫母，诱庶易主

东汉建安十三年（208），九州大地被战争的浓重阴霾所笼罩，风云激荡，山河变色。

曹操，这位在北方纵横捭阖、历经无数征伐已然铸就雄厚根基的枭雄，踌躇满志，将野心的矛头决然指向了南方的荆州要地。

曹操亲率的大军，恰似汹涌澎湃、势不可当的洪涛巨浪，遮天蔽日，滚滚南下，妄图一举鲸吞荆州这块膏腴之地，继而剑指江东，铺就那统一天下的霸业之路。

彼时，荆州之主刘表，往昔也曾坐拥一方，威震江汉。然岁月不饶人，刘表长期被病痛所困，早已是油尽灯枯、奄奄一息，终在八月间，于病榻之上咽下了最后一口气，撒手人寰。

刘表次子刘琮，年纪尚轻，稚气未脱，性格怯懦且毫无战阵历练，面对曹操那威名赫赫、如狼似虎的劲旅压境，吓得肝胆俱裂，未有丝毫抵抗之念，便匆匆忙忙、卑躬屈膝地拱手而降。

不仅如此，刘琮深知刘备在荆州素有威望，麾下兵将虽不算多却颇为精悍，更兼谋士辅佐，心怀兴复汉室之志，行事果敢坚毅。因而惧怕刘备知晓降曹之事后雷霆震怒，施以报复。于是，他心怀鬼胎，瞒天过海，严密封锁荆州易主这一翻天覆地的巨变消息，致使刘备全然被蒙在鼓里，依旧在驻地有条不紊地谋划着抵御曹军南下的种种方略，殊不知大祸已然临头，如悬顶之剑，随时可能落下。

刘备，出身汉室宗亲，虽命运多舛、半生漂泊，却始终秉持着仁德为怀的心性，志在兴复汉室，拨乱反正。于荆州蛰居期间，他求贤若渴，广纳四方英杰，麾下汇聚了诸如徐庶、诸葛亮这般有匡世济民之才的谋士，武将更是忠勇兼备、各怀绝技，正满心期许凭借荆州这一立足根基，与曹军展开一场生死较量，力挽狂澜，成就不世功勋。

等到刘备隐隐察觉周遭气氛异样，派人紧急问询刘琮后，方如梦初醒，仿若被一道晴天霹雳击中，惊觉大难将至。

而恰在此时，曹操大军如同鬼魅夜行，已然神速进抵宛城（今河南南阳）。消息传来，刘备震惊得呆立当场，半晌回不过神来。

第四章　孔明扬声　徐庶两难

紧接着，刘琮又差遣宋忠前来，假模假样地宣旨，妄图敷衍遮掩、蒙混过关。

刘备抬眼望向宋忠，刹那间怒火中烧，那满腔怒火直欲冲破胸膛，几欲拔剑相向，将这欺上瞒下的小人当场斩杀。

可转瞬之间，理智回笼，念及当下局势危如累卵，杀此小卒于事无补，反倒可能授人以柄，引发更大祸端，徒增恶名，玷污自己多年积攒的清誉。于是，刘备强忍着心头的愤懑与不甘，咬碎钢牙，耻于与这等鼠辈计较，大手一挥，遂放宋忠归去，而后当机立断，号令麾下众人即刻收拾行囊，裹挟着满心的悲愤与未酬的壮志，率众仓皇踏上逃亡之路。

此时，徐庶与诸葛亮等一众智囊齐聚刘备身旁，营帐内气氛凝重压抑，众人围坐沙盘边，蹙眉凝思，一同剖析当下险峻局势。

诸葛亮目光炯炯如炬，手中羽扇轻摇，率先建言道："主公，刘琮这等不战而降之举，实乃背信弃义、怯懦至极。然荆州城高墙厚，多年经营之下，兵精粮足，府库充盈，若此刻我等出其不意，突袭刘琮，取而代之，凭此坚城，整合军民，凭借地利人

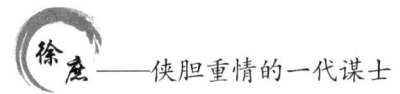
和，与曹军拼死抗衡，尚有一线生机，大有可为啊！"

言罢，众人纷纷颔首，附议此计，皆以为这是绝境之中的破局之策。

刘备却眉头紧锁，面露不忍之色，缓缓沉声道："刘表兄与我，同宗同源，往昔困顿之时，承蒙他收留庇护，他对我恩重如山。今虽其子不肖，做出这等降敌辱节之事，可我怎能忍心对故主后人兵戎相向，做出这等不仁不义之事？即便当下形势危急万分，关乎生死存亡，我也决不会坏了道义，违背本心。"

言罢，只见刘备神色坚毅如铁，透着不容置疑的决绝，已然表明坚守仁德底线、决不乘人之危的心志。刘备这般至仁至义的抉择，恰似磁石引针，瞬间引得刘琮左右亲信以及荆州百姓倾心相随。

在他们眼中，刘备就是那乱世之中的仁义明灯，是值得托付身家性命的明主。一时间，十余万人扶老携幼，肩挑背扛着为数不多的家当，汇聚成一条浩浩荡荡、蜿蜒曲折的人流，紧紧追随着刘备的脚步。

只是，这般庞大繁杂的队伍，裹挟着大量粮食辎重，牛车马车吱呀作响，行进速度仿若蜗牛爬行，迟缓不堪。

有将领心急如焚，额头豆大的汗珠滚落，满脸焦急地劝谏刘备："主公，曹军转瞬即至，如今带着这许多百姓辎重，犹如身负千钧重担前行，势必拖累全军行军速度，延误战机。当速弃百姓，轻骑疾进，方能保全性命，保留东山再起的火种，再图后事啊！"

刘备闻言，目光缓缓环视四周，映入眼帘的是那一双双惶恐不安却又满含信赖与期许的百姓眼眸，那目光中饱含着对生的渴望、对安稳的向往以及对刘备的笃信。

刹那间，刘备眼眶泛红，心中悲悯之情油然而生，决然道："夫济大事必以人为本，今人归吾，吾何忍弃去！"

言罢，毅然决然率众缓缓而行，日行不过十余里。于这乱世烽火之中，刘备尽显悲悯苍生、坚守大义的高尚情怀，也将自身与这十余万百姓的命运紧紧捆绑在了一起。

与此同时，刘备深谋远虑，早做绸缪，派遣关羽引领水军精锐，乘船扬帆，沿着滔滔水路，日夜兼程奔赴江陵（今湖北荆州西北）。

江陵，地处要冲，城防坚固宛如铜墙铁壁，城内粮草囤积如山，军备物资丰富，恰似一颗咽喉要珠。掌控此地，进可攻、退可守，有望成为对抗曹军的坚实堡垒，亦是刘备绝境之中寄予厚望的后援支撑之所。

一旦占据江陵，便能依托城防、凭借粮草，与曹军展开持久周旋，以待时局变化。

九月，秋风萧瑟，寒意透骨，枯枝在风中瑟瑟发抖，恰似这摇摇欲坠的世道。曹操稳坐中军大帐，听闻刘备率众逃亡，目光一凛，瞬间洞悉其中利害。

江陵，这座兵家必争之地，若被刘备抢先据守，恰似蛟龙入海、猛虎归山，届时再欲图之，势必难上加难，付出惨重代价。

当下，曹操大手一挥，亲点五千精锐骑兵，其中曹纯所率虎豹骑更是精锐中的翘楚，个个身披重甲，宛如钢铁战神，胯下骏马神俊非凡，行动如风，快若闪电。马蹄踏处，烟尘滚滚，恰似离弦之箭，直扑刘备而去，那气势，仿若要将前路一切阻碍碾碎。

当阳（今属湖北宜昌）之地，命运的绞索无情收紧，曹军终于如恶狼扑食般追上了刘备军。

刹那间，喊杀声震破苍穹，直冲云霄，马蹄声似滚滚闷雷，震得大地颤抖，曹军好似汹涌潮水，凶猛扑来。

刘备军看似人头攒动、声势浩大，实则大半为手无寸铁、惊慌失措的百姓，真正能披坚执锐、上阵杀敌的将士寥寥无几。在曹军铁骑冲击下，刘备一行顿时陷入慌乱，如惊弓之鸟，四散奔逃。

刘备眼含热泪，望着身旁哭喊声一片的妻儿老小，心如刀绞，无奈之下，狠狠心，抛下妻小，仅率赵云、张飞等数十骑亲信，如同疾风般夺路狂奔，试图在这绝境之中寻得一线生机，那背影，满是悲壮与不甘。

慌乱奔走之际，赵云的身影陡然没入敌阵深处，仿若泥牛入海，不见踪迹。一时间，流言蜚语好似恶风般肆虐开来，有人竟信誓旦旦宣称赵云已然北降曹操，贪图富贵去了。

刘备听闻，怒发冲冠，手中短戟裹挟着满腔怒火，狠狠砸向那造谣生事之人，双目圆睁，仿若喷火，喝道："子龙不弃我走也！"

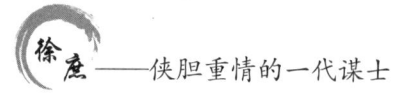

那声音，斩钉截铁，透着对赵云忠贞不贰的绝对信任。

而事实亦不负所望，赵云并非叛逃，实乃孤胆英雄，明知敌阵凶险万分，却毅然决然转身杀回，直面那令人胆寒、凶悍无比的虎豹骑。

虽一路艰难险阻，不幸遗失了刘备的两个女儿，可凭借超群绝伦的武艺和无畏生死的胆魄，赵云于乱军丛中寻得刘备妻子甘夫人与幼子刘禅，护着二人，浴血奋战，拼死突出重围，与刘备得以团聚，成就一段忠勇无双的佳话。

再看那长坂桥上，如同黑煞神临世的张飞恰似一座巍峨黑塔，屹立桥头。他率领仅有的二十余骑残兵，据水断桥，桥下河水奔腾咆哮，似为其助威呐喊，溅起的水花打湿了他的战袍。

张飞豹眼怒睁，满是熊熊怒火，仿若能燃尽世间一切。只见他手中长矛紧握，横亘身前，矛尖寒光凛冽，恰似暗夜流星，透着致命威慑。

他声如雷霆万钧，大吼道："吾乃燕人张翼德也，谁敢与我决一死战！"那吼声，滚滚如雷，穿破曹军耳膜，直击心灵深处，曹军将士望着眼前仿若杀神下凡的张飞，面面相觑，双腿发软，竟无一人敢向前踏出一步。刘备势力也正因这短暂却至关重要的阻挡，如在悬崖边缘觅得生机，得以免于覆灭厄运。

在这场惊心动魄、关乎生死存亡的混战中，徐庶有着别样的艰难处境与独特且不可忽视的作用。

徐庶凭借自身卓越谋略，为刘备出谋划策，多次助刘备在险象环生的局势中应对危局，在军事谋划、形势洞察上都有独到见地，深受刘备倚重，同时也受到了将士们的信赖。

战前，徐庶挑灯夜战，与诸葛亮等人围坐沙盘边，详细分析曹军可能的追击路线、战术打法，凭借对曹军习性的分析，提醒刘备提前在关键隘口布置鹿角、挖掘壕沟，做好应对之策，布置好初步防线，以拖延曹军那风驰电掣般的追击步伐，为己方争取更多逃亡时间。

然而，命运却对他开了残酷至极的玩笑。

曹纯在混战厮杀、硝烟弥漫之中，竟凭借敏锐目光与运气眷顾，寻得徐庶母亲踪迹，当即将其掳掠。

徐庶闻此噩耗，仿若五雷轰顶，身形晃荡，顿感天旋地转，眼前发黑，几欲昏厥。刹那间，忠义与孝道在他心中激烈碰撞，

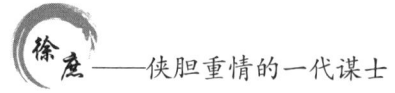

犹如冰火两重天，煎熬着他的灵魂。

徐庶自被通缉被迫离家后，经历千辛万苦才终于暂时安定下来，本想着待天下安定就好好侍奉双亲，弥补自己缺失的时光。没想到，天下还未安定，母亲就被敌军掳走。

一边是刘备的知遇之恩，待己如师如友，自投奔以来，刘备对他言听计从，尊重有加，他跟随其身旁，本欲倾尽才学，助其成就大业，逐鹿中原，复兴汉室，那份信任与期许，重如泰山；一边是生母的养育大恩，白发苍苍、柔弱无助，如今深陷敌营，生死一线，那含辛茹苦的面容、声声殷切的叮嘱仿若就在眼前，揪着他的心。

徐庶泪如雨下，内心如同被千万根钢针刺穿，痛苦得几近窒息。他双手握拳，指甲嵌入掌心，殷红鲜血渗出，滴落在地，映照出内心的挣扎与煎熬。他恨自己让母亲卷入这场政治风波，更为曹军这种下三烂的手段不齿。

但他并未慌乱失智，他强忍着悲痛，仍坚守在刘备身旁，他知道此刻对于刘备而言是至关重要的时刻，个人情感需暂放一旁，全力帮助刘备军脱困。徐庶于短暂喘息间隙，望着刘备焦急却信任的目光，冷静告知刘备："主公，曹军虎豹骑虽来势汹汹，但追击中阵形或有破绽，可令将士佯攻其侧翼，分散其兵力，再寻机突围。"

言罢，又瞧见赵云满脸焦急，准备再度冲入敌阵寻主母与幼主，赶忙叮嘱赵云："子龙将军，敌军精锐，不可硬拼，寻主母与幼主时，可留意敌军辎重营帐处，曹军或安置人质于此。"

直至局势稍缓，徐庶知晓，若不投曹，母亲性命堪忧，曹操素以权谋手段著称，既掳母亲，必以此拿捏自己，绝不可能轻易放过。这才怀着满心无奈与愧疚，"扑通"一声，向刘备长跪不起，拜别道："主公，庶实无奈，忠孝难全，今母陷敌手，不得不从。但庶之心，仍念主公，望主公珍重，此后大业必成。"

刘备亦知其苦衷，眼眶泛红，含泪相送，双手扶起徐庶，沉声道："元直，吾懂你难处，此去曹营，望你多加保重，若有来日，盼再续情谊。"

徐庶转身奔赴曹营，背影落寞孤寂，一步一回头，望着刘备远去的方向，在心底默默祈愿刘备平安脱险。

徐庶虽身不由己入曹营，却以独特方式，在长坂坡这场惊天

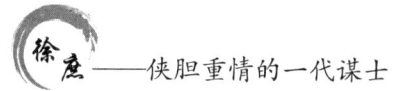

地、泣鬼神的战役中，留下了忠义与智慧交织的印记，其无奈离去，亦成为这段历史中彰显乱世人性复杂、道德两难的悲壮注脚。长坂一役，也因徐庶的曲折经历，更添几分沧桑厚重，诸多英雄命运于此转折，被历史长河铭记，传颂千古，成为后人唏嘘感慨、反复咏叹的传奇篇章。

第五章
蜀汉集团命运的变数与波澜

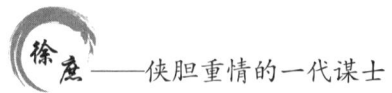
一、骨干谋士的折损

自徐庶离开之后，刘备集团转瞬失去了一位能与曹操麾下荀彧、郭嘉等顶级谋士在智谋上"掰手腕"的关键人物。集团的核心智囊层陡然出现缺口，战略谋划的"大脑"力量被削弱，往昔倚重徐庶的决策流程一时陷入僵局，恰似投入平静湖面的巨石，激起层层涟漪，改变了刘备集团的人才生态。

一方面，在短期内，其留下的职能空白难以迅速填补，军事会议上少了那个能洞悉先机、侃侃而谈的身影，日常军务筹划、情报分析等工作，因缺乏他的统筹把控，衔接稍显滞涩。

另一方面，徐庶的离开还间接影响了刘备集团人才聚集态势。

原本凭借自身名气、能力吸引贤才投奔的"磁场效应"大打折扣，不少观望中的智谋之士见徐庶都难以在刘备处安稳扎根，心生疑虑，放缓了投靠步伐，令刘备集团错失扩充智囊团、壮大人才储备的良机，这在后续应对复杂多变的局势时，凸显出捉襟见肘之态。

于战略推进层面而言，徐庶的存在曾是刘备集团稳步前行的一大助力，其离去仿若马车前行时突然折损了关键车轴，进程受阻、速度放缓。

此前，徐庶深度参与诸多战略规划的制定，对周边势力的情报收集、曹操军事动态追踪等工作精心布局，刘备依此提前筹备应对之策。

但曹操大军南下，徐庶被迫出走，原计划中应对曹军南征的诸多策略，诸如依托荆州地形设伏、联络周边小股势力协同抗曹等精妙构思，因主导者缺位，陷入搁置或需大幅修改的状态。刘备集团只能仓促调整，重新评估局势、摸索应对方向，以免错失先机，在曹操铁骑步步紧逼下，应对显得慌乱被动，战略主动性大打折扣。

荆州，作为刘备集团"隆中对"战略蓝图里至关重要的"桥头堡"，在徐庶离开后，其战略布局陷入前所未有的复杂境地。

徐庶久居荆州，对当地山川险要、城防虚实、世家关系等了如指掌，本可在巩固荆州根基、调和内部矛盾、抵御外敌上大显身手。

徐庶若在，或许能利用人脉提前洞悉刘琮降曹意图，助刘备提前布局、抢占先机；也能周旋于荆州士族间，争取更多支持，强化刘备在荆州的统治根基，整合资源对抗曹军。

可徐庶一走，刘备集团在荆州的情报网、关系网松动，面对曹操与刘琮的"里应外合"，应对失措，后续虽勉强立足，却始终在荆州问题上隐患重重，为关羽失荆州埋下伏笔，彻底打乱"跨有荆益"的战略节奏。

此外刘备与徐庶，名为主臣，实有挚友、师生情谊。

自徐庶来投，刘备视其为心腹肱股，每有军政要事，必先问询徐庶意见，对其智谋深信不疑。

徐庶被迫离去，刘备如失臂膀，情感上遭受重创，一度陷入自我怀疑与迷茫的状态。

往昔一同畅想的复兴汉室蓝图，瞬间因关键人物缺失而蒙上阴影。在曹操大兵压境下，刘备甚至担忧集团存亡，决策时瞻前顾后，往日的果敢自信大打折扣，这种领袖心态的变化，悄然传导至全军决策氛围，使集团应对危机的效率大大降低。

另外，徐庶在军中威望颇高，将士们钦佩其智谋，信服其指挥。对他的突然离开，军营上下议论纷纷，疑虑、不安情绪随之蔓延。

基层士卒担忧失去智囊后战事不利，中层将领困惑未来走向，昔日齐心奋进的军心出现松动，凝聚力、战斗力受到冲击。

长坂坡之战后，军中士气低迷，逃亡途中人心惶惶，若非张飞、赵云等猛将拼死奋战、以忠勇提振士气，刘备集团恐早于曹军铁骑下土崩瓦解，徐庶离去引发的士气震荡危害实在颇深。

从长远计，徐庶本可在刘备集团扮演"导师"角色，将毕生所学、实战谋略、情报研判技巧等悉心传授后辈子弟，培育新一代智囊梯队。但他的离去，使这一传承戛然而止，年轻谋士少了近身学习的楷模，成长受限；内部军事智慧沉淀、战略思想传承受阻，集团可持续发展后劲乏力，后续面对复杂局势，只能依赖少数核心人物，人才断层隐患渐显，制约蜀汉政权在漫长乱世博弈里的韧性与活力，为其最终偏居一隅、壮志难酬埋下深远伏笔。

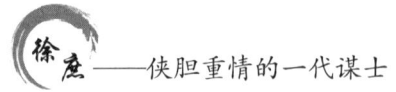

　　除此之外，徐庶的离开对于诸葛亮而言，最直接的影响就是战略交接带来的巨大压力。

　　徐庶在刘备集团已经有一定的战略布局基础，并且对当时复杂多变的局势有着自己的理解和应对措施。

　　现在他突然离开，而诸葛亮刚刚出山就要接手这些尚未完成或者正在进行的战略事务。例如在应对曹操南征这个紧急且复杂的战略问题上，诸葛亮需要在极短的时间内熟悉徐庶之前的思路、已经安排的军事部署以及各方势力的情报信息。

　　这就好比接力赛跑中，交接棒的过程非常仓促，诸葛亮不得不一边奔跑一边整理手中的"接力棒"，这种突然的战略交接使他面临着巨大的适应压力，稍有不慎就可能导致战略失误。

　　在刘备集团内部，徐庶已经建立了自己的威望和人际关系网络。他的离开使得集团内部的人际关系和权力结构出现了短暂的失衡。

　　诸葛亮作为一个新来者，需要时间来与集团内的将领、谋士以及其他重要人物进行磨合。

　　在这个过程中，可能会出现一些不理解或者不配合的情况。

比如一些将领习惯了徐庶的指挥方式和战略风格，对于诸葛亮这个初出茅庐的年轻人所提出的新想法和新战略可能会持有怀疑态度。

这就给诸葛亮在内部沟通和协调工作上增加了难度，他需要花费更多的精力去说服众人，才能确保战略决策的顺利执行。

此外，徐庶在情报收集和分析方面也有着自己的贡献。他的离开可能导致情报信息的断层，诸葛亮需要重新梳理和建立情报网络。

在乱世之中，情报的重要性不言而喻，准确及时的情报可以帮助决策者把握战机、制定合理的战略。

徐庶由于在刘备集团工作了一段时间，对于周边势力的情报渠道有一定的掌握，他的离开可能会使这些情报渠道暂时中断或者变得不稳定。

诸葛亮需要重新整合资源，与各方建立联系，以确保自己能够获取足够准确的情报，这无疑增加了他工作的复杂性和难度。

当然，除了以上这些不利的因素外，徐庶的离开，对诸葛亮而言也有有利的方面。

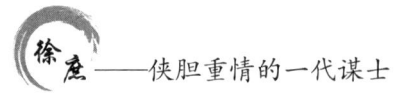

例如，徐庶的离开为诸葛亮提供了更为广阔的施展才华的空间。

在徐庶还在的时候，刘备集团的战略决策主要还是依赖徐庶，诸葛亮可能只是处于辅助地位或者在幕后提供一些建议。

徐庶离开后，诸葛亮成为刘备集团最重要的谋士，刘备对他寄予厚望，给予他充分的信任和权力，让他能够全面地施展自己的才华。

诸葛亮能够按照自己的构想，在军事、政治、外交等多个领域发挥主导作用，亲自参与和指挥刘备集团的诸多事务，包括联合东吴、夺取荆州南部四郡以及后来的西进益州等重大行动，使得他的政治抱负和军事才能得到充分的发挥。

所以，徐庶的离开为诸葛亮巩固自己在刘备集团中的地位提供了机会。

作为一个新人，诸葛亮需要通过实际行动来证明自己的价值。

徐庶的离去使得集团内部出现了权力真空，诸葛亮正好可以借此机会填补这个空缺，通过自己的智慧和才能，为刘备集团取得一系列的胜利和成果，从而赢得集团内部成员的认可和尊重。

在"赤壁之战"以及之后的一系列战役中，诸葛亮凭借自己出色的谋略和外交才能，成功地帮助刘备集团站稳脚跟并且不断发展壮大。这使得他在刘备集团中的地位日益稳固，成为刘备不可或缺的左膀右臂，为他后续长期辅佐刘备、实现复兴汉室的目标奠定了坚实的基础。

再者，徐庶离开后，诸葛亮在战略调整上拥有了更大的自由度。他可以根据自己对局势的判断和理解，对刘备集团的战略进行重新规划和调整。

徐庶和诸葛亮虽然都是智谋之士，但他们的战略思维和侧重点可能会有所不同。

诸葛亮能够按照自己的战略思维，对刘备集团的发展方向进行更符合自己理念的布局。

在荆州和益州的战略地位权衡上，诸葛亮可以更加灵活地安排资源和兵力，不必受到徐庶原有战略布局的过多限制。

这种战略调整的自由使得诸葛亮能够更好地发挥自己的战略优势，为刘备集团的长远发展制定更加合理和有效的战略规划。

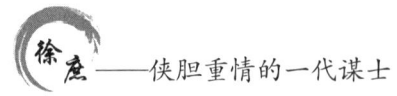

二、濡须风云，曹魏折戟

魏文帝黄初四年（223）。

这一年的华夏大地发生了很多事。

此时的天下已进入"三足鼎立"的混战时代。

曹魏政权在曹丕的统治下已逐步稳固了自身根基，历经多年战火洗礼与内部权力整合，正试图迈向更为昌盛繁荣的阶段。

然而，为了尽快统一、结束多年来的纷争与战火，在对外方面，三大势力集团的你争我夺却远远没有结束，战火的阴霾依旧笼罩在这片饱受苦难的大地上。

彼时，曹魏与东吴两大势力剑拔弩张，一场惊心动魄的军事较量一触即发。

曹魏大司马曹仁，这位久经沙场、声名赫赫的宿将，亲率步、骑兵数万人马，如汹涌潮水般朝着濡须（今安徽巢湖西巢湖）压境。

曹仁深谙用兵之道，深知兵不厌诈的谋略精髓，故而在大军开拔之际，蓄意放出风声，扬言要挥师向东，全力进攻羡溪（今安徽无为东北）之地，试图以此迷惑东吴守军，打乱其军事部署。

东吴在濡须的守将朱桓，听闻曹仁欲攻羡溪的消息后，出于谨慎的军事考量以及对防线周全守护的责任心，当机立断，迅速分派麾下部队前往羡溪增援。

一时间，东吴的士卒们迈着匆匆步伐，列着整齐军阵，向着羡溪方向疾驰而去，扬起的尘土在道路上形成一缕黄烟，仿佛是命运的丝线被悄然牵动。

然而，谁也未曾料到，这一切都在曹仁的精密算计之中。

就在东吴援军刚刚踏上征程，还未来得及抵达羡溪之时，曹仁却已然指挥着那浩浩荡荡的大军，如鬼魅般陡然转变行军方向，直扑濡须而来。

其行军速度之快、行动之隐秘，恰似暗夜中的猎豹，悄无声息却又致命无比。

朱桓这边，很快便得到了曹仁大军已然逼近濡须，且距离仅有咫尺之遥的紧急军情。刹那间，形势急转直下，危如累卵。朱桓深知事态严重，刻不容缓，急忙派遣信使快马加鞭，试图追回

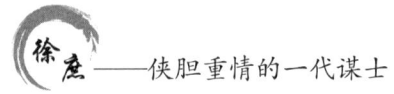

那支已然奔赴羡溪的增援部队。

可命运似乎总爱捉弄人，时间在此时变得异常紧迫而吝啬。纵使信使纵马狂奔在官道上，却依旧未能赶在曹仁大军杀到之前，将援军带回濡须。

此时，朱桓环顾四周，望着麾下那仅有的五千将士，心头不禁泛起一丝忧虑。

这些士兵脸上亦满是惶惶之色，面对数倍于己的敌军，恐惧如同瘟疫般在军中蔓延开来，不少将领的双手都不自觉地握紧了刀柄，掌心沁出细密的汗珠，双腿也微微颤抖，眼神中满是对未知战局的担忧与怯意。

值此军心震荡之际，朱桓却展现出了作为一军主将的沉稳与睿智。他昂首挺胸，目光坚定地扫视着麾下诸将，随后中气十足地开口分析当下局势："诸位，切莫被敌军的数量所吓倒！古往今来，两军交战，决定胜负的核心关键，从来都在于将领的指挥才能与谋略智慧，而非单纯比拼士卒的多寡。"

言罢，他稍作停顿，锐利的目光中透着自信与果敢，继续说道："且看那曹仁，虽说久经沙场，有着诸多征战履历，可若论指挥作战的能力，诸位当真觉得他会比我朱桓更为高明吗？"

紧接着，朱桓引经据典，谈及兵法要义："兵法有云，'远来进攻的军队要超过当地防守军队的一倍'，但诸位需明晰，此乃基于特定战场环境而言。那是在平原旷野之上，双方皆无城池可依凭坚守，且是在假定双方战斗力旗鼓相当的前提之下所总结的用兵之道。可如今，咱们所处的濡须，地势险要，得天独厚。"

说着，他抬手遥指四周，示意众人看向那南临奔腾的长江，江水滔滔，犹如天然护城河；北靠巍峨山岭，山峦起伏，恰似坚实壁垒的绝佳防御地形。

"咱们坐拥坚城，凭借这山水之利，已然占尽先机。反观曹仁所率之军，他们一路长途跋涉，跨越千里之地，人马皆困顿疲乏，早已失去了初时的锐气。再加上曹仁其人，智勇方面实难称卓越，其所率兵将，听闻也多是胆怯畏惧之辈，如此乌合之众，又何足为惧？"

朱桓的声音越发激昂，仿若洪钟鸣响，在军中回荡，感染着每一位将士的心。

"即便那曹丕御驾亲征，亲率大军前来，咱们凭借这有利地势与高昂士气，尚且无须担忧，更遑论眼前这曹仁之流了。"

一番慷慨陈词，条理清晰，入情入理，如同一剂强心针，瞬间驱散了笼罩在将士们心头的恐惧阴霾。

士卒们原本忐忑的眼神中，重新燃起了炽热的斗志，紧握刀柄的双手，此刻更充满了力量，仿佛已然看到了胜利的曙光。

局势既定，朱桓旋即开始布局迎敌。

他深知曹仁用兵狡诈，故而心生一计，决定偃旗息鼓，刻意营造出一幅守军虚弱、不堪一击的假象，以此作为诱饵，引诱曹仁上钩。

曹仁这边，见濡须城一片死寂，城楼上军旗低垂，守军影影绰绰，看似毫无防备，果然中计。

他当即调兵遣将，派遣其子曹泰，这位同样肩负家族荣耀、渴望在战场上建功立业的年轻将领，率领精锐部队，气势汹汹地朝着濡须城扑来，妄图一举攻破城池，立下赫赫战功。

与此同时，曹仁又派出麾下得力战将常雕以及素有勇名的王双等人，统领着一众士卒，乘坐那制作精良、坚固耐用的牛皮油船，顺着江水之势，如离弦之箭般直扑濡须附近的中洲。

这中洲，对于朱桓而言，意义非凡，那里不仅驻扎着他的亲兵部队，更是众多将士妻子、儿女的栖息之所，是东吴军在这场战争中的一处"柔软腹地"。

曹魏军中，蒋济见曹仁此举，眉头紧皱，心急如焚，赶忙劝谏道："将军，敌军现下牢牢据守长江西岸，船只皆停泊在上游要害之处，掌控着江面上的局势。而咱们却贸然进攻中洲，此举无疑是自蹈险境，如同主动踏入地狱之门，怕是要自取灭亡啊！"

可曹仁彼时已然被眼前看似唾手可得的胜利冲昏了头脑，自恃兵力雄厚、计划周全，对蒋济的忠言置若罔闻，依旧固执己见，亲率一万人马屯驻在橐皋（今安徽巢湖西北拓皋镇）之地，作为曹泰的坚实后援，企图前后夹击，一举奠定胜局。

朱桓这边，面对敌军的分兵进击，不慌不忙、有条不紊地调遣着麾下有限的兵力。他精心分派数位将领，各率一军，趁着敌军立足未稳、分兵冒进之际，迅猛出击，目标直指常雕所部。而朱桓自己，则亲披战甲，手持利刃，跨上战马，带领着主力部队，直面曹泰的强攻。

战场上，喊杀声瞬间响彻云霄，东吴军士气高昂，如猛虎下山般冲向魏军。

曹泰原以为濡须城守军已然军心涣散、不堪一击，却未料到遭遇如此顽强抵抗，强攻许久，不仅未能撼动城池分毫，反而损兵折将。眼见局势不妙，无奈之下，只得下令烧毁营盘，狼狈退走。

而另一边，奉命攻打常雕的东吴将领们，谨遵朱桓将令，奋勇作战，利用熟悉的水战优势与地形特点，与常雕所部展开殊死搏斗。

常雕虽也是一员猛将，试图凭借兵力优势强行突破，但在东吴军的拼死反击下，渐渐难以支撑。

一番激战过后，常雕最终命丧当场，身首异处。

王双见势不妙，欲拼死突围，却被东吴军生擒，成为阶下囚。

此役，魏军全面溃败，临阵被杀死、淹死在江水之中的士卒，多达一千余人，鲜血染红了江水，残兵败将们丢盔弃甲，四散奔逃，场面好不凄惨。

经此一战，朱桓以卓越的军事智慧、果敢的指挥决策以及无畏的战斗精神，成功扭转乾坤，以少胜多，在东吴的军事史上留下了浓墨重彩的一笔。

孙权闻听捷报，龙颜大悦，对朱桓的赫赫战功赞赏有加，当即下令提拔他为奋武将军，兼任彭城国相，更晋爵嘉兴侯，以表彰其卓越功勋与对东吴的赤胆忠心。

三、曹魏南征，蜀魏变局

就在朱桓斩杀常雕、生擒王双的同一时刻，曹魏的另一位武将曹真一边也正展开着殊死决战。

此时正值春季之始，寒风依旧凛冽，似利刃般割过大地。

彼时，曹真作为曹魏军中宿将，肩负着开疆拓土、威压东吴之重任，麾下兵强马壮，气势汹汹。

曹真精心筹谋一番军事部署后，遣出麾下精锐之师，如汹涌潮水般直扑吴军阵地。一番激战，凭借着出色的战术指挥与兵力优势，成功击溃吴军一部，恰似虎入羊群，势不可当。

那得胜之师并未停歇征伐的脚步，而是乘胜追击，目标直指

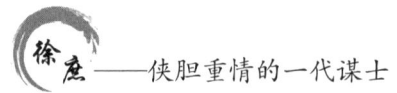

江陵的中洲,这片在军事战略上颇为关键的区域。

中洲地处江陵要地,地势独特,掌控着周边水域与陆地的往来要道,宛如一颗明珠镶嵌于江畔,得之可极大掣肘江陵城防,失之则江陵城危如累卵。

曹真深谙其重要性,因而志在必得,麾下士卒奋勇争先,一番强攻之下,成功将其攻占,在江陵城外扎下一枚极具威胁的"楔子"。

回溯往昔,东吴名将吕蒙,那位曾白衣渡江、智取荆州,威震华夏的军事奇才,却被病魔缠身,卧于病榻,气息奄奄。

吴王孙权亲临榻前,神色凝重,满是关切与忧虑,轻声问询道:"子明,若你病情不见好转,这军中重担,谁可接替于你,扛起守护江东之责?"

吕蒙强撑着病体,浑浊却依旧透着睿智光芒的双眼望向吴王,艰难却笃定地吐出几个字:"朱然胆略过人,注重节操,臣以为,他可担此重任。"

朱然身世亦颇为特殊,他本姓施,乃是九真太守朱治的外甥,因朱治见其聪慧伶俐、根骨不凡,便将他收为养子,悉心栽培。

彼时，朱然已凭借自身努力，官至昭武将军，在军中崭露头角，以行事果敢、临危不惧著称，其军事素养与为人品性深得吕蒙赏识。

吕蒙辞世后，吴王孙权悲痛之余，亦深知局势紧迫，当机立断，授予朱然符节，委以镇守江陵的重任，盼他能延续吕蒙之志，护江东门户周全。

岂料，安稳日子未过多久，战火再度汹涌袭来。曹真率大军卷土重来，此番他联合诸多曹魏名将，将江陵城团团围住，恰似铁桶一般密不透风。

围城之战初始，魏军便展现出强大战斗力，与吴军先锋孙盛部激烈交锋。孙盛虽拼死抵抗，麾下士卒亦是浴血奋战，但终究难敌曹军势大，被打得节节败退。

孙权闻听江陵告急，心急如焚，即刻派遣诸葛瑾等一干得力将领，率大军星夜兼程，奔赴江陵解围。

诸葛瑾素有智谋，行军途中殚精竭虑，谋划破敌之策，抵达战场后，迅速指挥吴军摆开阵势，向魏军发起一轮轮猛攻。

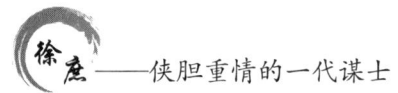

然而，魏军这边夏侯尚早已严阵以待，凭借精妙防御与凌厉反击，再度将诸葛瑾所部击退，吴军解围之举功败垂成，江陵城的局势越发危急。

此时的江陵城已然陷入绝境。

内外断绝联系，仿若一座孤岛被汹涌波涛围困，物资无法输入，城中储备日渐枯竭。许多士兵因长期困守，饮食不济、卫生条件恶劣，纷纷染上浮肿之疾，病倒在床，丧失战斗力。

原本浩浩荡荡的守城大军，到此时，能够披挂上阵、勉强支撑作战的，竟仅剩下区区五千人。

可即便如此，曹真仍未放松攻势，他号令士兵在城外堆土山，一筐筐泥土在士卒肩头堆积，土山渐次高耸，俯瞰城内；又驱使兵卒挖掘地道，妄图从地下潜入城中，打吴军一个措手不及。

同时，在临近城墙之处，魏军立起无顶高台楼橹，这些巍峨建筑犹如参天巨兽，矗立在城外，其上弓弩手满弦以待。

一时间，箭如雨下，密如飞蝗，带着尖锐呼啸声射入城中，砸在房屋、城墙上。

守城将士们躲避不及，伤亡惨重，望着这漫天箭雨，皆大惊失色，士气低迷至极点。每至一处，朱然或是拍拍士卒肩膀，或是高声呼喊激励之语，以自身的镇定从容感染众人："兄弟们，吾等身系江陵安危，背后是江东父老，虽敌军势大，可我等亦有守城地利、必死决心，只要坚守，援军必至，胜利定是吾等囊中之物！"

在朱然的激励下，将士们重燃斗志，眼中再露坚毅之光。

朱然细细观察魏军攻城态势，凭借着敏锐的军事洞察力，寻觅敌军薄弱之处，而后亲率精锐士卒，趁夜色掩护，悄然出城，如鬼魅般突袭魏军营地。

一番短兵相接、激烈拼杀后，成功攻破魏军两座营垒，斩杀敌军无数，缴获物资若干。城内吴军士气大振，仿若绝境中寻得一丝生机。

而在江陵城北门外，一场阴谋却在悄然滋生。

江陵令姚泰，奉命率兵防守此要害之地，然敌军围城日久，压力如山。他眼见敌军力量庞大得仿若遮天蔽日，反观己方守城军队，兵力稀少得可怜，城中粮食亦即将告罄，炉灶中烟火渐弱，士卒们面黄肌瘦、饥肠辘辘。恐惧与绝望在姚泰心中疯狂蔓延，他思忖良久，竟心生叛意，准备做魏军的内应，妄图以此换取自身安全与荣华富贵。

可朱然素日治军严谨，眼线遍布城中，姚泰这等忤逆之举，很快便被发觉。朱然闻听此事，怒发冲冠，却强忍怒火，不动声色地布置抓捕事宜，待时机成熟，一举将姚泰及其同党擒获。经审讯确凿后，果断将其处死，以儆效尤，及时扼杀了这颗可能导致江陵城破的毒瘤。

彼时，城外魏军阵营中，夏侯尚望着江陵城，心生一计。

因当时长江正值枯水期，水位浅落，江面狭窄得如同丝带蜿蜒，他见有机可乘，便企图乘船率步、骑兵长驱直入，进驻江陵的中洲，并在江面上架设浮桥以连通中洲与北岸，保障大军物资运输与兵力调度，如此一来，既能强化对江陵城的围困，又可作为后续攻城的前沿阵地。

此计一出，魏军参与计议的诸将大多认为此乃妙计，凭借当下江陵城内外交困之局，这般部署定能攻克江陵，众人皆面露得意之色，仿佛已然看到城破之日的荣耀加身。

却不料，智者董昭心存忧虑，他熟稔兵书战策，更对武皇帝曹操用兵之道钻研颇深。念及当下局势，他眉头紧皱，心急如焚，赶忙上书文帝曹丕："陛下，武皇帝智勇过人，一生南征北战，历经大小战事无数，可即便如此，用兵之时亦是谨慎万分，从不敢如当下这般轻视敌人啊！古往今来，打仗进兵容易，退兵却难，此乃最浅显平常的道理。试看那平原地带，无山川险阻可依凭，一旦进兵不利，想要全身而退就困难重重，所以即便要深入进军，亦要提前考量好撤退的便利之道。军队之进退，绝非能仅凭一己想象、主观意图行事，需综合诸多因素权衡利弊。如今在中洲驻扎军队，已然是深入敌境的莽撞之举；在江面上架设浮桥往来，更是险象环生，稍有不慎，浮桥断裂、敌军突袭，大军便会陷入绝境；况且仅有一条狭窄通道可供通行，这三者，皆是军事行动的大忌，可我们却执意为之，怎能不让人忧心忡忡！倘若敌人洞悉我军部署，集中精锐力量攻击浮桥，我军稍有疏忽懈怠，那中洲上的精锐部队可就危在旦夕，极有可能落入吴军之手，转而成为威胁我军的利刃啊！臣为此事，日夜难安，食不甘味，可谋划此事的众人却这般坦然，毫无担忧之色，实在是令臣困惑不解！再者，长江水位随时可能上涨，一旦江水暴涨，泛滥成灾，我军又该如何防御！若无法击败敌人，保全自身实力方为上策，为何要置身于如此危险境地，还浑然不觉呢？望陛下慎思之，速作定夺。"

文帝曹丕阅罢董昭上书，顿觉冷汗涔涔，如梦初醒，深知事态严重，刻不容缓。当即下诏，命令夏侯尚等人即刻退出中洲，收拢部队，以防不测。

而此时，吴军亦敏锐捕捉到魏军异动，潘璋等将领迅速反应，一面组织兵力从两面并进，对魏军形成包夹之势；一面加急赶制芦苇筏子，预备火烧魏军浮桥，断其后路，欲将魏军困于中洲，一举歼灭。

奈何天不遂人愿，夏侯尚反应亦是迅速，接旨后匆忙率兵退回北岸，吴军计划未能完全得逞。

时光匆匆，十日过后，果如董昭所料，长江江水暴涨，昔日浅滩被滔滔巨浪淹没，江面宽阔得仿若无垠湖面，浮桥在汹涌波涛中摇摇欲坠。

文帝曹丕望着那汹涌江水，忆起董昭此前谏言，不禁感慨万千:"卿之预料，竟精准至此，实乃朕之福、魏国之幸啊！"

可命运似乎仍不肯放过魏军，彼时军中又赶上闹瘟疫，士卒们纷纷病倒，营帐中哀号声此起彼伏，魏军战斗力锐减。

文帝见此情形，无奈长叹，权衡之下，遂命令各军全线撤退，结束这场耗时良久、惊心动魄的江陵攻防之战，只留下江陵城依旧矗立在江畔，见证着这段波澜壮阔、充满变数的历史。

当然，这一年的春季，除了以上这两件事外，魏蜀两大集团的内部也前后脚各发生了一件大事。

首先，先看曹魏这边。

魏国朝堂之上弥漫着凝重肃穆的气氛。

魏帝曹丕，这位承继父业、在乱世中谋得九鼎之尊的君主，心怀治国安邦之宏愿，亦深知历经多年烽火硝烟、兵荒马乱后，国家虽表面初定，实则暗潮涌动，诸多沉疴旧患亟待疗愈。

彼时，自"黄巾之乱"起，天下便陷入无尽兵革纷争。董卓乱京，诸侯纷起，逐鹿中原，各方势力鏖战不休，山河破碎，百姓流离失所。在那漫长岁月里，天下之人仿若置身修罗场，刀兵相向、互相残杀成为家常便饭，世道崩坏，人伦惨剧日复一日地

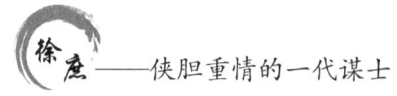

上演。

曹丕坐在御座之上，神色凝重，目光穿透殿门，似能望见往昔那尸横遍野、满目疮痍的惨景，遂颁布《禁复私仇诏》。

那诏令之言，字字铿锵，落地有声："丧乱以来，兵革未戢，天下之人，互相残杀。今海内初定，敢有私复仇者皆族之。"

此诏一出，犹如巨石入水，在魏国上下激起千层浪。

往昔乱世，律法废弛，民间私斗、家族仇杀之风盛行，冤冤相报，循环往复，既扰乱地方治安，更让刚刚萌生复苏迹象的社会秩序面临崩塌危机。

曹丕此番明令禁止，以雷霆手段、严苛惩处的灭族之刑，威慑那些妄图逞一时意气、循私仇旧怨而动的莽撞之徒，旨在为魏国编织一张稳固的法治之网，护佑来之不易的安定局面，引导民众放下仇恨，投身农桑，助力国家步入正轨，开启大治之途。

而在西南蜀地，同样是多事之秋，一场关乎蜀汉命运走向、饱含情义与家国托付的凝重仪式，也在悄然上演。

四、托孤任官，魏蜀殊途

蜀昭烈帝章武三年（223）三月，春季。

春风拂过永安（今重庆奉节东）的山川河谷，可那空气中却弥漫着悲伤与凝重。

刘备，这位半生漂泊、矢志不渝追逐复兴汉室梦想的英雄豪杰，此刻却卧于病榻之上，生命之火在风霜侵蚀、壮志未酬的遗憾中飘摇欲熄。

永安宫室内，烛火摇曳，光影斑驳落在众人脸上，气氛压抑得让人几近窒息。刘备深知大限将至，蜀汉基业尚未稳固，身后事犹如千钧重担，沉甸甸地压在心头。

太子刘禅，彼时年纪尚轻，稚气未脱，虽生于帝王家，却还远未历经风雨，磨砺出执掌江山的雄才伟略。

念及此，刘备浑浊却依然透着坚毅的目光，望向丞相诸葛亮——这位自"隆中对"后便追随自己，一路披荆斩棘、出谋划策，以无双智谋与耿耿忠心为蜀汉立下汗马功劳的股肱之臣。

刘备强撑病体，握住诸葛亮的手，那双手曾挥剑斩敌、指点

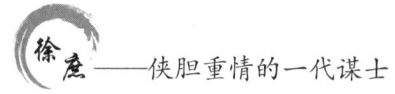
江山，如今却满是岁月沧桑与病弱无力。

刘备缓缓说道："君才十倍曹丕，必能安国，终定大事。若嗣子可辅，辅之；如其不才，君可自取。"

此语一出，满室皆惊。

这绝非寻常托孤之辞，言语之间，既有对诸葛亮惊世才华的由衷赞叹，深知其远胜曹魏之主曹丕，足以凭本事安邦定国，延续蜀汉血脉，成就复兴大业；更饱含着一位父亲对儿子未来的忐忑，以及对国家命运的深切忧虑。

刘备以莫大的信任赋予诸葛亮权衡废立之权，那是将整个蜀汉江山社稷的未来，毫无保留地托付于其手，赌上的是一生奋斗的基业，盼的是诸葛亮能以大智大勇、大公无私护佑蜀汉度过危局。

诸葛亮闻言，潸然泪下，那泪水夺眶而出，顺着脸颊滑落，滴落在地，洇湿一片。他"扑通"一声跪倒在地，身形颤抖，声音哽咽却坚定无比："臣敢竭股肱之力，效忠贞之节，继之以死！"

这誓言掷地有声，穿透宫室，回荡在历史长河之中，满是对刘备知遇之恩的赤诚报答，亦是对将蜀汉大业坚守到底的决绝承诺。

从隆中出山，承蒙刘备三顾茅庐的敬重，多年来殚精竭虑、出生入死，诸葛亮早已将自身命运与蜀汉紧紧相连，此刻面对托孤重任，即便前路荆棘满布，亦愿燃尽余生，披肝沥胆，护蜀汉周全。

刘备目光未停，又转向刘禅，眼神中满是慈爱与期许，他拼尽最后一丝力气，遗诏敕令太子刘禅："勿以恶小而为之，勿以善小而不为。"

这句质朴却蕴含无穷智慧与人生哲理的话语，如明灯一盏，照亮刘禅懵懂的前路。这是父亲给儿子最后的谆谆教诲，告诫其修身养性、明辨善恶，从细微处做起，积小善成大德，避小恶免大患。希望他日后能成长为贤明君主，与诸葛亮携手共进，事亮如父，尊崇其教诲，倚重其才能，稳固蜀汉江山根基。

这两个发生在同一年、不同阵营的事件，一者从国法层面整肃社会风气、筑牢魏国根基；一者于家国传承中托付江山、凝聚蜀汉人心，犹如历史天平两端，各自承载着魏蜀兴衰命运，在三

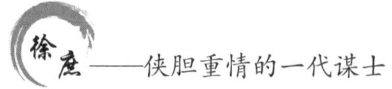

国乱世的宏大叙事里，留下浓墨重彩、影响深远的篇章，为后世反复玩味、感慨万千。

当然，在历史洪流面前，每个人都只是一朵不起眼的浪花。

就在魏蜀政治集团内部风云变幻，发生黄初诏令与永安托孤的时候，主人公徐庶，这位往昔在江湖中颇具声名、曾以智谋助刘备周旋于强敌之间的谋士，在魏国朝堂之上也迎来了他仕途生涯中重要的节点——被任命为右中郎将、御史中丞。

右中郎将一职，在曹魏军事体系里肩负着不容小觑的职责。

彼时，天下虽三分而立，可边境战事依旧时有发生，内部治安亦需精心维护。

右中郎将掌管着部分精锐的皇家侍卫力量，既要负责宫廷周遭的安保巡逻，确保皇室贵胄身处安全无虞之地，又需在必要时刻率部出征，拱卫京畿，抵御外敌侵扰。其麾下将士皆精挑细选，训练有素，对领军者的军事素养、调度能力与忠诚品格要求颇高。徐庶能担此任，一方面彰显出他往昔积累的军事谋略与实战经验仍被认可，历经多年在曹营的沉淀，曹操父子想必也洞悉他在军事指挥层面有着独特的天赋与能力，可堪大用；另一方面，这也是曹魏政权试图将这位曾经的"外来者"进一步纳入自身权力架构核心圈层的一种手段，以官职相授，期望换取他的全心效力，稳固朝堂内部人心。

而御史中丞，更是在监察百官、整肃朝纲事宜上举足轻重。

这一职务立于朝堂监督体系之巅，犹如高悬于群臣头顶的利剑，有权弹劾不法、纠察渎职、肃清吏治。

徐庶被委以此职，足见其刚正不阿、明辨是非的品性为人所知，毕竟在波谲云诡的官场之中，唯有秉持公正、不徇私情之人，方能在御史中丞这个位置上站稳脚跟，发挥效用，成为皇权制衡臣僚权力、保障政令清明的有力臂膀。

然而，这看似风光的双重任职背后，实则暗藏着诸多无奈与复杂情愫。

五、诸葛北伐，矢志不渝

时光悠悠流转，蜀后主建兴六年（228），三国局势再生波澜。

这一年，蜀汉政权发生了一件大事。

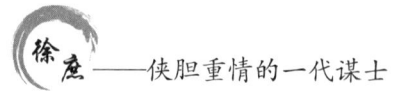

诸葛亮，这位始终怀揣着复兴汉室的宏伟抱负、鞠躬尽瘁死而后已的蜀汉丞相，在精心筹备之后，毅然率军北伐。

此次北伐，承载着蜀汉多年来蛰伏隐忍、积蓄力量的希望，也是对曹魏政权统治根基的一次强有力冲击。

于是，一场规模浩大、谋划精密的北伐之战拉开帷幕。

诸葛亮对外宣称要率大军由斜谷道（今陕西眉县西南）挥师北上，直取郿（今陕西眉县东），以声势造足迷惑之势。

同时，派遣赵云、邓芝两位忠勇老将，统领一军据守箕谷（今陕西汉中西北），命他们大张旗鼓，虚张声势，扮作主力模样，吸引魏军目光，使其误以为蜀军主力在此方向，分散敌军兵力部署。

而诸葛亮自己则亲率蜀汉大军主力，剑指祁山（今甘肃礼县东）。

祁山乃陇右咽喉要地，地势险要，控扼交通要道，一旦攻克，陇右诸郡便如囊中之物。

此计一出，宛如巨石入水，激起千层浪。魏天水（今甘肃通渭、静宁等市县及天水西北部等地）、南安（今甘肃陇西东部）、安定（今甘肃镇原东南）三郡之地，久受曹魏统治，却因民生疾苦对魏政权离心渐生，加之蜀军威名远扬，见诸葛亮大军压境，气势如虹，竟纷纷叛魏而降蜀。消息传来，蜀军上下士气大振，仿佛汉室复兴曙光已现。

魏国朝堂闻讯，顿时大惊失色，紧急调兵遣将，应对危局。

魏明帝曹叡速命曹真屯驻郿城，严阵以待，以防蜀军从斜谷突进；又派遣张郃，这位威名赫赫、久经沙场的名将，督率步骑五万之众，马不停蹄地奔赴西线，抵御诸葛亮的主力大军。

蜀军先锋马谡，彼时肩负重任，带领诸军前行，与张郃的魏军精锐在街亭（今甘肃庄浪东南）狭路相逢，摆开阵势，一场决定北伐成败的关键战役就此打响。

马谡饱读兵书，才学过人，平日里常与诸将高谈阔论军事谋略，深受诸葛亮赏识，故而此番被委以先锋之任。可临战之际，他却犯下致命错误，全然不顾诸葛亮临行前的节度安排，对裨将王平苦口婆心的劝谏亦充耳不闻。

王平虽出身行伍，识字不多，但作战经验丰富，深谙实战之道。见街亭地形险要，连连劝道："马将军，此地依山傍水，当依水扎营，下据城池，方能稳固防线，抵御张郃大军。若舍水上山，一旦敌军断我水道，我军便成无水之鱼，危在旦夕啊！"

马谡却不以为然，自恃熟读兵法，执意要将营寨扎于山上，妄图居高临下，"势如破竹"地击破魏军。

张郃率大军赶到，见马谡如此布阵，不禁冷笑，旋即果断下令，派兵截断马谡军的水道，牢牢围困。

蜀军无水可饮，顿时乱作一团，军心惶惶，士气低落至极点。

张郃趁势挥军猛攻，蜀军哪里抵挡得住，瞬间兵败如山倒，四散溃逃。唯有王平临危不乱，他率领千人，坚守阵地，命士卒擂鼓呐喊，佯装伏兵众多。张郃生性谨慎，见状心生疑虑，不敢贸然进逼，王平这才得以徐徐收拢诸营败兵，且战且退，保留下些许有生力量。

街亭一失，战局瞬间逆转，诸葛亮大军失去了前沿阵地与进军依托，进无所据，恰似折翼雄鹰，再难翱翔。

无奈之下，诸葛亮只得含恨下令，拔西县（今甘肃天水西南）千余家百姓，徐徐撤回汉中，以保存蜀汉元气。

而另一边，赵云、邓芝在箕谷，亦遭遇魏军重兵攻击，兵力悬殊之下，终究难以抵挡，兵败而归。然赵云尽显老将风范，亲自断后，指挥若定，军资什物在他的精心护持下，几乎未有遗弃，兵将亦未出现慌乱失散之象，全军有序撤回。

诸葛亮回至汉中，念及此次北伐，因用人失察、决策失误，致功败垂成，满心愧疚。遂上疏后主刘禅，主动请自贬三等，褪去丞相尊荣，仅以右将军身份暂代丞相之事，以示惩戒与自省。

而对王平，诸葛亮则不吝嘉奖，加拜其为参军，进位讨寇将军，封亭侯，以表彰他在街亭之战中的英勇与睿智，为全军保留希望火种之举。

这场波澜壮阔却又充满遗憾的北伐之战，就此落下帷幕。

但作为蜀汉政权实际话事人的诸葛亮又怎会就此罢休呢？

于是，同年十一月。

此时正是寒风凛冽的时节，朔风呼啸着刮过蜀地的山川河谷，但再冷的风也吹不散诸葛亮心中那一团熊熊燃烧的北伐壮志。

彼时，一则来自曹魏东线战场的消息，宛如投入平静湖面的

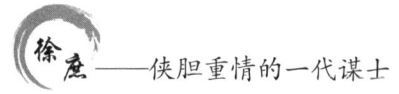

巨石，激起千层浪，引得蜀汉朝堂上下震动不已。

曹休，这位曹魏军中的重将，在与东吴的交锋中遭遇惨败，魏军为应对东线危局，大批精锐部队紧急东下，奔赴江淮之地，致使关中地区兵力空虚，防御陡然薄弱。

诸葛亮敏锐地捕捉到这一稍纵即逝的战机，他目光炯炯，凝视着北方那片承载着汉室旧梦的土地，决意再次出兵击魏，以图乘虚而入，实现北伐大业的阶段性突破。

然而，此提议一经抛出，群臣之间马上泛起了疑虑的涟漪。

朝堂之上，诸臣交头接耳，议论纷纷。有人担忧蜀汉历经此前北伐，兵力、粮草尚未完全恢复元气，此时贸然出兵，恐重蹈覆辙；亦有人顾虑曹魏虽于东线受挫，但关中底蕴犹存，防线即便空虚，亦可能暗藏玄机，设下圈套诱敌深入。

面对种种质疑之声，诸葛亮神色凝重却又透着决然，他深知此番决策事关重大，为凝聚人心、阐明大义，遂再次提起笔，饱蘸墨汁，洋洋洒洒写下那篇传诵千古的《后出师表》：

先帝深虑以汉、贼不两立，王业不偏安，故托臣以讨贼。以先帝之明，量臣之才，固当知臣伐贼，才弱敌强；然不伐贼，王业亦亡。惟坐而待亡，孰与伐之？是故托臣而弗疑也。

臣受命之日，寝不安席，食不甘味。思惟北征。宜先入南。故五月渡泸，深入不毛。臣非不自惜也，顾王业不可偏全于蜀都，故冒危难，以奉先帝之遗意也，而议者谓为非计。今贼适疲于西，又务于东，兵法乘劳，此进趋之时也。

谨陈其事如左：

高帝明并日月，谋臣渊深，然涉险被创，危然后安。今陛下未及高帝，谋臣不如良、平，而欲以长计取胜，坐定天下，此臣之未解一也。

刘繇、王朗各据州郡，论安言计，动引圣人，群疑满腹，众难塞胸，今岁不战，明年不征，使孙策坐大，遂并江东，此臣之未解二也。

曹操智计，殊绝于人，其用兵也，仿佛孙、吴，然困于南阳，险于乌巢，危于祁连，逼于黎阳，几败北

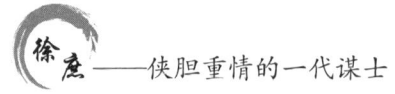

山，殆死潼关，然后伪定一时耳。况臣才弱，而欲以不危而定之，此臣之未解三也。

曹操五攻昌霸不下，四越巢湖不成，任用李服而李服图之，委夏侯而夏侯败亡，先帝每称操为能，犹有此失，况臣驽下，何能必胜？此臣之未解四也。

自臣到汉中，中间期年耳，然丧赵云、阳群、马玉、阎芝、丁立、白寿、刘郃、邓铜等及曲长、屯将七十余人，突将、无前、賨叟、青羌、散骑、武骑一千余人。皆数十年之内纠合四方之精锐，非一州之所有；若复数年，则损三分之二也，当何以图敌？此臣之未解五也。

今民穷兵疲，而事不可息；事不可息，则住与行，劳费正等，而不及虚图之，欲以一州之地，与贼支久，此臣之未解六也。

夫难平者事也，昔先帝败军于楚，当此时，曹操拊手，谓天下以定。然后先帝东连吴、会，西取巴、蜀，举兵北征，夏侯授首，此操之失计而汉事将成也。然后吴更违盟，关羽毁败，秭归蹉跌，曹丕称帝。凡事如是，难可逆见。臣鞠躬尽力，死而后已，至于成败利钝，非臣之明所能逆睹也。

在此文之中，诸葛亮开篇便指出汉贼不两立，王业不偏安，强调北伐讨贼是先帝刘备的遗愿，也是蜀汉政权存续的必然选择，尽管敌强我弱，但不伐贼则王业必亡，因此必须果断出击。

接着，他列举了汉高帝刘邦及曹操等人历经艰难险阻才成就大业的事例，说明创业之难以及在面对强大敌人时不能犹豫不决，坐失良机。

同时，诸葛亮也提到了蜀汉当前面临的诸多困难，如人才的凋零、兵力的损耗等，但即便如此，仍需趁曹魏在东西两线作战、疲于奔命之时，抓住战机，继续北伐。

最后，他以"鞠躬尽力，死而后已"表达了自己对蜀汉的忠诚和为实现兴复汉室目标不惜牺牲一切的决心。

不过，岁月悠悠，后世对于此表是否真为诸葛亮亲手所作有颇多争议，有学者从行文风格、用词习惯等细微处剖析，提出种

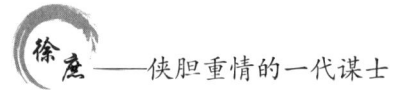

种质疑之声。然无论作者归属如何，其蕴含的精神内涵与历史价值，早已镌刻在中华文明的丰碑之上，成为激励后世仁人志士为理想拼搏奋进的不朽箴言。

六、北伐续章，徐庶叹惋

等到了十二月份的时候，已经是霜雪纷飞之际。

诸葛亮不顾严寒，亲率数万大军，如一条钢铁洪流，浩浩荡荡向着散关（今陕西宝鸡西南）进发。

此次北伐，目标明确，直指陈仓（今陕西宝鸡东）。

陈仓，乃关中要冲，兵家必争之地，地势险要，城墙巍峨，恰似一颗坚固的铆钉，牢牢钉在蜀汉北进的通途之上。

诸葛亮白日里领军行进，夜里则在营帐之中运筹帷幄。

在调兵遣将之余，诸葛亮仍心系往昔旧友，不忘打听徐庶与石韬二人的近况。

自从徐庶离开刘备之后，诸葛亮就再也没有听到过徐庶的任何消息。

时光如梭，岁月催人老。

第五章　蜀汉集团命运的变数与波澜

人一旦到了一定年纪，就会时不时回忆起曾经的往事以及昔日的好友，而且越久远的事或人反而在记忆中越清晰。

这个时候的诸葛亮无疑也到了这个年纪。

所以，这也是他如此心急要开始第二次北伐的另一个原因。

当听闻徐庶如今仅任右中郎将、御史中丞，而石韬也只是郡守、典农校尉这般官职时，这位智慧超群、情感细腻的丞相不禁长声感叹："难道是魏国的谋士太多了吗？为什么不重用徐庶与石韬二人呢？"

诸葛亮此叹，恰似一声穿越历史迷雾的天问，背后蕴含着多重深意。

其一，从纯粹军事与智谋层面考量，他深知徐庶、石韬二人的才能绝非仅限于当下所任官职展现出的那般平庸。

遥想当年，徐庶在刘备麾下时，初出茅庐便以奇谋助刘备于困境中觅得生机，应对曹军攻势时镇定自若，巧设伏兵、善用地利，展现出非凡的军事洞察力与指挥能力；石韬亦与之相仿，胸有韬略，腹有良谋，二人并肩辅佐刘备之时，本是意气风发，欲成就一番惊天动地的大业。

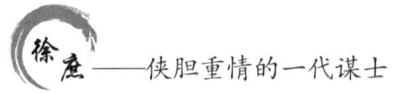

诸葛亮与他们曾同处乱世，惺惺相惜，对彼此才能自是了如指掌，因而见他们在曹魏阵营未获重用，深感惋惜。

其二，这声感叹也映射出蜀汉与曹魏在用人理念、权力格局上的差异。

蜀汉以复兴汉室为旗帜，用人唯才是举，但凡有一技之长、心存忠义之士，皆能在诸葛亮的统筹安排下各展其能，朝堂上下一心，为北伐大业倾尽全力；反观曹魏，谋士如云，猛将如雨，内部权力争斗错综复杂，家族势力、元老派系林立，徐庶与石韬既非出身名门望族，能够凭借门第根基平步青云，又因外来归附者的身份，在诸多猜忌、排挤因素交织下，纵然有满腹才华，也难以突破那层无形却坚固的天花板，跻身核心决策层，施展浑身解数为魏国霸业添砖加瓦。

回过头来，再看看诸葛亮亲率大军第二次北伐的情况。

诸葛亮不顾严寒，冒着大雪，领着蜀汉数万大军意在一举攻克陈仓，打开通往关中腹地的门户，续写北伐华章。

岂料，魏军亦非毫无防备。

魏将郝昭，虽麾下仅有兵卒千余人，却凭借着卓越的军事素养、坚韧不拔的意志与对职责的忠诚坚守，严阵以待，誓与城池共存亡，拒不降蜀。

诸葛亮大军兵临城下，营帐连绵，将陈仓城团团围困，旋即展开强攻。

蜀军攻势如潮，云梯、投石车等攻城器械齐上阵，士卒们喊杀声震天，奋勇攀爬城墙。郝昭则指挥若定，命城中魏军以滚木礌石、热油烈火相迎，一次次击退蜀军进攻。

经历二十余日的漫长围攻，陈仓城内外硝烟弥漫，战火纷飞。蜀军虽英勇无畏，却始终无法撼动这座坚城分毫，战事陷入胶着僵局。

与此同时，魏明帝曹叡闻听陈仓告急，迅速调兵遣将，派遣张郃这位威名赫赫的宿将领兵援救。

张郃领命，率大军马不停蹄、星夜兼程地奔赴陈仓。

诸葛亮见陈仓久攻不下，己方粮草消耗殆尽，且敌军援军将至，权衡之下，无奈长叹，只得下令退兵。

蜀军依令有序回撤，岂料魏将王双贪功冒进，见蜀军退兵，以为有机可乘，竟擅自领兵追击。

诸葛亮早有防备，设下伏兵于退兵途中，待王双军至，伏兵四起，蜀军将士如猛虎出山，将王双所部团团围住。一番激战，王双兵败被杀，蜀军得以全身而退，为这场略显遗憾的二次北伐画上了一个悲壮且惊险的句号。

这里要特别说明的是，在《三国志·吴书十一》中的"朱桓传"记载，曹仁部下也有一将名叫王双。此王双虽然也是曹魏将领，但并没有记载他在被擒后回到过北方，所以他与被诸葛亮斩杀的王双可能只是同名同姓的两个不同的人而已。

就在诸葛亮第二次北伐结束的几年之后，徐庶在魏国也走完了他充满波折的一生，因病离世。

徐庶的离去，如同一片秋叶悄然飘落，在历史长河中泛起最后一丝微澜。

相传，徐庶死后有碑存于彭城（今江苏徐州），那块石碑，犹如一位沉默的史官，静静伫立在风雨之中，见证着往昔的风云变幻，承载着他一生的荣辱兴衰、壮志未酬与无奈叹息。

从徐庶的整个魏营生涯来看，他恰似陷入了一张名为"命运"与"现实"的大网之中，难以挣脱。

第五章　蜀汉集团命运的变数与波澜

初入曹营，徐庶由于因曹操胁迫母亲而来的"原罪"，始终被多疑的曹操及其麾下旧臣所猜忌，难以获得全然信任，虽有机会展露军事才能，却也时刻如履薄冰，不敢肆意发挥。随着时间推移，本以为熬到新主登基、局势变迁能迎来转机，可曹魏内部盘根错节的权力结构，又让他在诸多世家大族、元老谋士后人的竞争与排挤下举步维艰。

即便获任右中郎将、御史中丞之职，看似官职不低，实则与真正手握重权、能左右国家大政方针的核心职位相去甚远，不过是在权力边缘徘徊。

再看诸葛亮的感叹，那不仅是对旧友个人命运的悲悯，更是对那个时代人才境遇的一种深刻反思。

在三国乱世，有才之人如过江之鲫，可真正能在合适的舞台上尽情施展才华、实现抱负者却寥寥无几。徐庶与石韬便是典型例证，他们被困于曹魏的权力泥沼，空有一身本领，却只能在岁月流逝中看着自己的雄心壮志被慢慢消磨，才华被无端埋没。

而这种现象，在那个动荡不安、各方势力角逐的时代并非个例，背后折射出的是封建王朝权力分配不公、用人机制受门第与派系掣肘的深层弊端。

彭城的那块碑，历经千年风雨侵蚀，或许字迹已然斑驳模糊，但它所承载的徐庶的故事，却成为三国历史中一段充满遗憾、发人深省的篇章。

后世之人站在碑前，抚摸着那粗糙的石面，仿佛能穿越时空，看到徐庶在魏营中那孤独而坚毅的身影，听到他在深夜营帐里的轻声叹息，体悟到那个时代无数怀揣梦想之人在残酷现实面前的挣扎与无奈，也让我们对历史深处的复杂人性、权谋争斗与命运无常有了更为真切、深刻的认知与感慨。它宛如一把钥匙，开启了一扇通往三国那段波澜壮阔却又满是悲凉底色的历史之门，供后人在其中探寻、思索、汲取教训，珍视当下人才得以自由驰骋、施展抱负的时代环境。

第六章

历史与演义中的徐庶

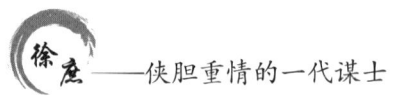

一、徐庶归曹

在大众的认知范畴里，徐庶这一人物形象主要源自《三国演义》这部经典小说。然而，若深入探究历史文献中关于徐庶的真实记载，便会惊觉小说所塑造的徐庶与历史原型之间存在着诸多显著差异。

例如，"身在曹营心在汉"等一系列塑造出徐庶忠义形象的耳熟能详的故事，经过一代一代的流传，深深根植在我们心中，勾勒出一个忠心不贰的谋士形象。但在正史和演义中，徐庶有着不太一样的面孔。

拿徐庶归曹这一事件来说，《三国志》和《三国演义》里对其有着不一样的描述和立场。

据《三国志·蜀书五》中的"诸葛亮传"记载，曹操挟天子以令诸侯，势力如日中天，其统一天下的野心促使他将目光投向荆州。刘表统治荆州多年，然刘表病重离世后，其内部局势动荡不安。刘表之子刘琮在蔡瑁等亲曹势力的影响下，未作抵抗便向曹操投降。此时曹操发动南征荆州的重大军事行动，其大军气势汹汹，锐不可当。

而与此同时，刘备屯驻于荆州之地，在曹操强大的军事压力下，不得不选择撤退。刘备心怀仁义，在撤退之时，众多百姓出于对刘备的信任与拥戴，纷纷选择跟随他一同撤离，期望能在这乱世之中得到庇护。然而，这一善举却也给刘备的行军带来了巨大的阻碍。百姓拖家带口，行动迟缓，导致整个队伍的行军速度变得极为缓慢，宛如一条臃肿的长龙艰难地在荆楚大地蜿蜒前行。

就在这样的背景之下，曹操麾下曹纯所率领的虎豹骑，这支以机动性和战斗力著称的精锐部队，紧紧地盯上了刘备的队伍。他们如同一群迅猛的猎豹，在广袤的战场上高速驰骋，很快便追上了刘备军。在长坂坡一带，刘备军与曹操追兵展开了一场惨烈激战。

刘备军虽奋力抵抗，但终究难以抵挡曹操大军的凶猛攻势，被曹军击破，军队被冲散，百姓也流离失所。就在这一片混乱之

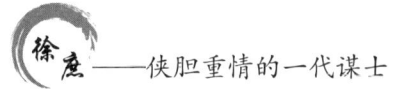

中，徐庶的母亲不幸被曹操的军队所俘获。

至于俘获的过程历史中却并未明确记载，但是在《三国志·蜀书五》"诸葛亮传"中引用了南朝裴松之注引的《魏略》，其中写道："初平中，中州兵起，乃与韬南客荆州，到，又与诸葛亮特相善。及荆州内附，孔明与刘备相随去，福与韬俱来北。"当时因荆州内附，徐庶与石韬等一同北归曹操。

而在《三国演义》里，这一段历史被精彩地书写了一番。

首先是曹操听闻徐庶为刘备出谋划策且才能非凡，便起了招揽之心。

曹操帐下的谋士程昱，深知徐庶极为孝顺，于是向曹操献上一计。提议将徐庶之母接到许昌，以此作为诱饵来诱使徐庶归降。

曹操采纳了此计，派人前往徐庶母亲所在之地，以徐庶在许昌为由，将其母强行带到了许昌。

徐母被接到许昌后，曹操先是以礼相待，试图说服她写信劝徐庶来投。然而徐母深明大义，她知晓曹操名为汉相，实为汉贼，坚决不肯依从曹操之意，还对曹操破口大骂。

曹操恼羞成怒，本欲杀之，幸得程昱劝阻。

程昱见徐母不肯就范，便凭借对徐母笔迹的揣摩，模仿其笔迹写了一封家书。在家书中，诈称徐母被曹操囚禁，生命垂危，催促徐庶速速前来许昌相救。

当时，远在刘备军中的徐庶收到这封家书后，顿时心急如焚，方寸大乱。他满心都是母亲的安危，全然没有冷静思考信件的真实性。在孝道的强烈驱使下，他怀着悲痛与愧疚之情向刘备辞行。

刘备深知徐庶的难处，虽万分不舍，但也不便阻拦。徐庶遂得以入曹。

这段故事通过历史与文学的不同呈现，深刻地展现出徐庶这个人物命运的无常与在忠孝大义间艰难抉择的困境。

虽然《三国演义》的大多细节是虚构的，与真实的历史有所不同，但不难从中看出作者罗贯中对于徐庶的偏爱。徐庶作为一名深受传统儒家思想熏陶的知识分子，在面对母亲被曹操挟持的消息时，陷入了极度的痛苦与挣扎之中，这与儒家伦理强调孝为百善之首的准则高度重合。而徐母在《三国演义》中也被赋予了

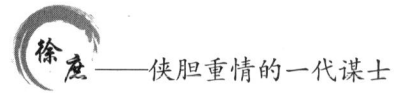
深明大义的形象，一个妇人面对困境能够明辨是非、坚守正义，恰恰反映了当时自上而下对于曹操的厌弃，这也与《三国演义》所表达的尊刘贬曹的思想是一致的。

二、举荐诸葛亮

除了"身在曹营心在汉"这一段故事外，小说与真实的历史还有一处不同，那便是徐庶向刘备推荐好友诸葛亮的时间点是不一样的。

《三国志》中，徐庶在刘备屯驻新野期间便已向刘备举荐了诸葛亮。这在《三国志·蜀书五》中的"诸葛亮传"有明确记载："亮躬耕陇亩，好为《梁父吟》。身长八尺，每自比于管仲、乐毅，时人莫之许也。惟博陵崔州平、颍川徐庶元直与亮友善，谓为信然。时先主屯新野。徐庶见先主，先主器之，谓先主曰：'诸葛孔明者，卧龙也，将军岂愿见之乎？'先主曰：'君与俱来。'庶曰：'此人可就见，不可屈致也。将军宜枉驾顾之。'由是先主遂诣亮，凡三往，乃见。"

当时，徐庶得到刘备的器重，他深知诸葛亮的非凡才能，将其称为"卧龙"，并积极向刘备引荐。当刘备表示希望徐庶能与诸葛亮一同前来时，徐庶明确指出诸葛亮这样的大贤之人"可就见，不可屈致"，建议刘备亲自前往。

这一过程展现了徐庶在刘备阵营中将举荐贤才视为自己的日常工作，徐庶举荐诸葛亮完全因为其对诸葛亮才能的高度认可和对刘备的赤胆忠心，也反映了当时士人之间相互举荐、以贤才辅佐明主的社会风气。

从社会阶层流动与人才选拔的角度来看，这种举荐机制在一定程度上打破了门第限制，使得有才能的人有机会脱颖而出，为不同势力的发展注入了活力。

而在小说《三国演义》中，徐庶向刘备推荐诸葛亮是在自己要离开的时候。

小说中写道，徐庶临行之际，念及刘备的知遇之恩，向他举荐了诸葛亮，言诸葛亮有匡扶天下之才，若得诸葛亮辅佐，刘备复兴汉室或有可为。

当时，徐庶满脸凝重且带着一丝急切，向刘备拱手说道："主公，我有一位极为亲密且志同道合的挚友，此人乃是南阳的诸葛孔明。他绝非寻常之人，其才华卓绝，堪称当世无双。天下间的智谋之士虽多，但像他这般的绝代奇才却是凤毛麟角。如今主公心怀壮志，欲在这乱世之中成就一番惊天动地的伟业，那当务之急便是速速亲自前去拜会他。倘若能有幸得他出山相助，为主公出谋划策、运筹帷幄，又何愁这天下不能平定、大业不能成就呢？"

刘备听闻后，十分感动，眼中满是期待与信任，赶忙回应道："元直啊，既如此，那我便冒昧地劳烦你为我将他请来此处相见吧。我刘备久慕贤才，若能得孔明先生辅佐，实乃我之幸事，亦是我兴复汉室的关键一步啊。"

徐庶微微摇头，神色郑重地解释道："主公，您有所不知。这位诸葛孔明先生心性高洁，志向远大，绝非可以用寻常的邀请方式就能使其屈就而来的。他的才华与傲骨，注定了只有您这样胸怀天下、礼贤下士的明主，亲自前往他的居所，以最诚挚的态度去求贤，才有可能打动他。"

他接着说道："主公，您可知道，若您能成功请得他出山，那便如同昔日周文王访得吕望、汉高祖得遇张良一般。吕望辅佐周文王，兴周灭商，奠定八百年基业；张良助力汉高祖，运筹帷幄之中，决胜千里之外，终得大汉天下。诸葛孔明先生便有这样扭转乾坤、定国安邦的大才啊！"

如此一来，刘备对诸葛亮产生了浓厚的兴趣和极大的期待，于是便有了后来的三顾茅庐的故事。

之后，徐庶匆匆赶到许昌，才惊觉自己中了曹操的奸计。

在《三国演义》里，作者罗贯中别出心裁地将徐庶举荐诸葛亮这一情节放在徐庶去往曹营之前，首先表现出徐庶对于刘备的愧疚之心，说好的一起打天下，徐庶中途被迫投奔敌军，于是在离开前，徐庶举荐了可以替代自己的诸葛亮，也为后面"身在曹营心在汉"奠定基础；其次，徐庶为非常忠孝之人，欲成全孝心，却放不下忠义，于是在临别前，推荐了真正的贤才诸葛亮，期盼诸葛亮能够助刘备一臂之力，光复汉室。

无论是正史还是演义，徐庶都不妨称为诸葛亮和刘备的"贵人"，要是没有徐庶的牵线搭桥，诸葛亮和刘备也不能君臣携手，缔造一段佳话，三国历史上也将会缺少了这些浓墨重彩的传奇。

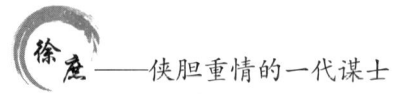

三、身在曹营

在《三国演义》中，徐庶的母亲见到徐庶后，痛心疾首，斥责他不该因自己而弃明投暗，有负刘备的厚待。随后，徐母为表自己的忠贞与对儿子的失望，毅然自缢身亡。

徐庶见母亲惨死于眼前，心中的悲愤与悔恨难以言表。他发誓终身不为曹操出谋划策，在曹操阵营中形同虚设，空有一身才华却只能默默忍受内心的煎熬，成为三国这段波澜壮阔历史中一个令人唏嘘不已的悲剧性人物。

这个桥段，便是著名的典故："徐庶进曹营——一言不发"。

虽然"一言不发"这一民间说法已经广为人知，犹如一面模糊的历史透镜，但当我们试图以严谨的史学视角去审视时，却发现其背后的真相远非如此简单明了，而是隐匿在重重迷雾之中，亟待拨开层层疑云，探寻个中究竟。

《三国志》作为记载三国历史的权威正史，承载着那个时代诸多人物与事件的真实脉络，然而翻遍其书页，对于徐庶在曹营究竟是否真的"一言不发"，始终未曾给出确凿无疑的定论。它宛如一位沉默的史官，只是隐晦地留下些许碎片化的线索，引得后世史学家与历史爱好者们不断揣摩、推测，试图拼凑出徐庶那段扑朔迷离的曹营岁月。

当我们将目光聚焦于《三国志·魏书十》中的"荀彧传"时，一条珍贵且耐人寻味的记载悄然浮现，宛如暗夜中的一丝曙光，为我们窥视徐庶的曹营生涯打开了一扇窄小却关键的窗扉。

文中提及，徐庶曾与荀彧这位曹操帐下举足轻重、堪称智囊核心的人物并肩协作，共同肩负起统筹兵事的重任。

统筹兵事，在曹魏军事体系这座巍峨大厦中，绝非可有可无的点缀性工作，而是实打实支撑军事运作的关键梁柱。任职此工作者，需具备深厚渊博的军事理论素养，犹如一部行走的兵法典籍，对历代战例、兵法谋略了如指掌；要有敏锐如鹰隼的战场洞察力，能于纷繁复杂的军情态势中瞬间捕捉关键信息，洞察敌军虚实与破绽；更需怀揣果敢决绝的决策能力，在瞬息万变的战火硝烟中当机立断，敲定行军布阵、攻守方略。

荀彧，作为曹操最为倚重信赖的谋士之一，其才略之卓越、见识之深远，早已在诸多历史篇章中留下浓墨重彩的印记。

"官渡之战"中，曹操阵营中的诸多智囊围绕水战、火攻、联军应对等问题激烈争论，心生犹疑，是荀彧等人凭借对双方实力细致入微的剖析，从军队素质、将领能力、后勤补给等多维度进行对比，力劝曹操坚守待机，寻机奇袭乌巢，一举扭转乾坤，才奠定了曹操统一北方的基石。

能与这般人物共事负责兵事，徐庶若无过人之处，断不可能获此机缘。

由此观之，徐庶必然怀揣着相当程度的军事见解与能力，才得以跻身这一核心军事圈层。

想象一下，在那营帐之中，烛火摇曳，沙盘之上山河纵横、兵棋罗列，一众将领与谋士围聚，研讨军情。

徐庶或许会剑眉微蹙，凝视沙盘许久后，手指轻点某一战略要地，以沉稳且笃定的口吻，剖析此处地形优劣、敌军布防可能存在的漏洞，进而提出一套精巧的突袭方案；又或许在军事资源调配的争议时刻，依据对周边郡县粮草储备、兵械库存的熟知，条理清晰地规划补给路线，确保大军后勤无虞，凭借自身所学所思，在日常军事事务中崭露头角，协助荀彧将右军各项事宜操办得滴水不漏、井井有条。

然而，若仅凭这一任职经历，便贸然断言徐庶毫无保留地为曹操出谋划策，在那些足以改写历史进程的关键战役与重大决策节点上对曹操倾尽心力，却又显得证据单薄、难以服众。

四、史书难寻

倘若将目光聚焦于正统的史书典籍，会发现一个略显尴尬的事实，那便是关于徐庶生平经历、诸多事迹细节的记载，实在是太过稀缺且简略了。造成这种现象主要有以下几方面的因素：

一是史家选材标准的严格。

最初三国时期的史学家陈寿在撰写《三国志》时，对于人物列传的选择和记载较为严格，会综合考虑人物的政治、军事影响力以及在历史进程中的重要作用等因素。与曹操、刘备、孙权等具有重大历史影响力的人物相比，徐庶的政治和军事成就相对有限，未进入当时历史舞台的核心圈层。因此陈寿对他的记载较为简略，仅在"诸葛亮传"等少数地方略有提及，未单独为其列传。

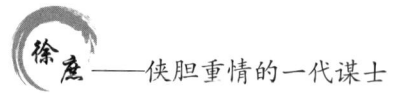

二是资料收集难度较大。

三国时期战乱频繁，许多历史资料在战争中散失或损毁，导致史家在撰写时可参考的文献有限。

徐庶并非出身世家大族，其早期经历和一些具体事迹可能原本就缺乏详细的官方记录或家族传承资料，这也使得陈寿等史家难以获取足够丰富的素材来全面、深入地记载他的生平。

三是阵营转换问题的敏感。

徐庶早先为刘备谋士，后因母亲被曹操所获而被迫归曹。

这种阵营转换在当时的政治环境下较为敏感和复杂，其在曹营中的表现可能受到诸多因素的制约，难以像在刘备阵营时那样充分施展才能，也因此未留下太多值得大书特书的政治、军事功绩。

这使得他在历史记载中的分量相对较轻，史家对他的着墨也相应较少。

而且，回首曹操戎马一生，历经无数惊心动魄、决定生死存亡的大战，徐庶的身影却仿若缥缈的云烟，在关键之处总是模糊难觅。

这也导致徐庶成为后代一位非常有争议的谋士，有人说他忠孝不贰、一心向汉，也有人说他沽名钓誉。

以"赤壁之战"为例，曹操挥师南下，志在一统江南，麾下战船蔽日、雄兵百万、帐中谋士同样人才济济。

面对长江天险、孙刘联军，关于水战战术、应对火攻之策、分化联军之法等诸多关键议题，各方谋士争论不休。

程昱曾提醒曹操谨防联军用火，郭嘉若在世想必也会有奇思妙想，可徐庶却如同隐匿于暗处的旁观者，在这场关乎天下三分大势的决战记载中，毫无醒目作为，未留下足以证明其深度参与、贡献卓绝智谋的只言片语。

这般现象背后，实则有着错综复杂、盘根错节的缘由。

其一，徐庶投身曹营，本就是命运裹挟下的无奈之举，源于母亲被曹操所掳。孝道枷锁高悬，他不得不舍刘备而奔曹。其内心深处，依然对刘备怀着难以割舍的旧情与愧疚。

往昔在刘备麾下，刘备待他礼贤下士、推心置腹，二人怀揣复兴汉室的壮志豪情并肩作战，那份信任与知遇之恩刻骨铭心。这份情感纠葛恰似一道无形且沉重的枷锁，紧紧束缚住他为曹操全力效命的热忱，使得在面对那些足以左右历史走向的重大决策时刻，他往往选择沉默以对，或是低调行事，隐匿于众多谋士身后，以免锋芒太露助曹建功而违背内心坚守。

其二，当时的曹操帐下谋士如云、精英荟萃，恰似一片繁茂的智慧丛林。

荀彧、荀攸、郭嘉、程昱等，皆是名震一时、各怀绝技的智谋之士，他们或长于战略规划，绘制宏观蓝图；或精于战术奇袭，于细微处扭转战局；或善于洞察人心，瓦解敌军同盟。在这般激烈的竞争环境中，徐庶作为后来者，又背负着复杂敏感的被迫归曹背景，在争得献计机会、凸显自身独特价值上，天然处于劣势。

当众人各展所长、踊跃献策之际，徐庶即便有真知灼见，也可能因种种缘由被旁人抢先，或是在表达时被他人的声势所掩盖，久而久之，便难以在那些关键历史节点崭露头角，只能在曹营岁月中默默沉淀，才华被深深掩埋于历史的尘埃之下。

可以笃定无疑的是，对比往昔在刘备阵营的意气风发、光芒四射，徐庶在曹营的境遇简直与之前判若云泥。

在刘备麾下时，他恰似一柄初露锋芒的利剑，以奇谋巧计辅佐刘备应对强敌环伺的危局。

当阳兵败，刘备几近绝境，徐庶却能凭借自身谋略，或设伏或扰敌，为刘备争取喘息之机，在艰难时局中撑开一片生存空间。

那时，他的每一言、每一策，皆被刘备奉为圭臬，视为破局关键，自身才华在一次次实战淬炼和一次次谋划布局中尽情挥洒，熠熠生辉。

可踏入曹营之后，徐庶只是偶尔参与兵事研讨，如流星划过夜空，稍纵即逝，未能留下持久而耀眼的光芒。

整体上，徐庶的身影在曹魏宏大的军事、政治舞台上黯淡无光，犹如一颗被浓厚云层重重遮蔽的星辰，纵有璀璨内核，却难以为世人所见，空留后世无尽的猜测、遐想与感慨。

在历史的缝隙中，徐庶的曹营故事成了一段充满遗憾与无奈的传奇，见证着个人命运在时代洪流与复杂情感交织下的曲折走向。

在三国这段波澜壮阔、充满权谋与变数的历史时期，曹操以

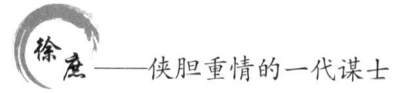

其卓越的政治和军事才能，广纳贤才，逐鹿中原，构筑起庞大且颇具影响力的势力集团。

然而，徐庶这位颇具谋略的谋士，进入曹营后却陷入不被重用的困境，这背后折射出的是复杂的社会、文化与心理因素相互交织的作用，值得从社科视角深入探究。

其一是曹操的多疑性格的根源与表现。

曹操身处乱世，东汉末年朝纲崩坏，政治腐败，各方势力尔虞我诈，争斗不休。他从刺杀董卓失败后白手起家，在军阀混战中摸爬滚打，历经无数背叛、阴谋与暗杀。

朝堂之上，宦官与外戚轮番专权，地方诸侯心怀鬼胎，相互攻伐，盟友瞬间可化作敌手。

长期浸润在这种充满不确定性、危险四伏的政治军事环境中，曹操逐渐形成的多疑性格，成为其用人决策时难以逾越的心理障碍。

以华佗事件为例，在古代医学认知有限的背景下，开颅手术近乎天方夜谭，超出常人理解范畴。曹操因深受头风病困扰，痛苦不堪，华佗提出此大胆治疗方案，本意或许是凭借精湛医术根治顽疾。然而曹操基于一贯的猜忌心态，从自身安全出发，主观臆断华佗受他人指使或心怀不轨，欲借机谋害自己，全然不顾华佗神医之名及过往治病救人的功绩，决然将其下狱杀害。这一事件深刻反映出曹操在面对生死攸关之事，尤其涉及自身安危时，多疑本能使其宁可错杀，也绝不放过一丝潜在威胁。

再看荀彧、荀攸的境遇。荀彧出身颍川荀氏，名门望族，才略与德行兼备，是曹操早期统一北方的重要智囊，居中策划战略，举荐贤才无数。但当曹操权势日盛，欲晋爵魏公、加九锡，挑战汉室正统底线时，荀彧秉持儒家忠君观念，委婉劝谏，此举触动曹操敏感的神经。曹操疑其忠诚转向，念及荀彧多年影响力与背后势力，深感不安，往昔信任瓦解。荀彧最终失势，抑郁而终。

荀攸同样为曹操屡立奇功，"官渡之战"中献奇袭乌巢之计扭转战局，可一旦被流言蜚语裹挟，卷入权力猜忌旋涡，即便忠心可鉴，曹操也难免心生疑虑，致其后期献策谨小慎微，不复往日果敢。

其二是人才竞争格局与徐庶的相对劣势。

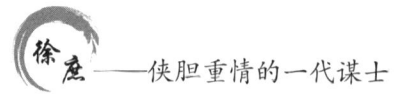

三国乱世，人才流动频繁，曹操凭借雄图霸业愿景、优厚待遇吸引天下英才汇聚，谋士群体竞争白热化。

徐庶之才，在辅佐刘备时尽显军事韬略，应对曹军有章有法，如设计伏兵、巧用地形破敌，展现了非凡智慧。

但置身曹营，与郭嘉、荀彧等顶尖谋士相较，短板渐显。

郭嘉思维跳脱、灵动超前，善于捕捉战场稍纵即逝的战机。曹操远征乌桓，众人畏难，郭嘉精准剖析敌军虚实、气候地利，力主冒险奇袭，扭转乾坤，成就经典战例，为曹操统一北方"点睛"。

荀彧深谙战略布局、后方调度，统筹军政事务，保障前线供给，稳定大后方，为持久战筑牢根基。

程昱临危不乱，守城时巧用心理战、以兵计退强敌，兼具果敢与智谋。

在人才竞技场，徐庶每次献策都会面临严苛审视，需与一众奇才争辉。

徐庶缺乏郭嘉的奇思妙想、荀彧的深厚底蕴与广泛人脉、程昱的果敢应变，因此机会常被旁人抢先，风头被掩盖，难以在曹操心中脱颖而出。曹操用人重功利实效，徐庶短期内无亮眼表现，渐失重用契机，在激烈竞争中沦为陪跑者。

其三是荀彧作为颍川谋士集团领袖，前期在曹营举足轻重，其失势宛如巨石投入平静湖面，激起千层浪，引发连锁反应。

颍川集团内部凝聚力因核心人物失位而受损，原本依托荀彧举荐、扶持的同乡谋士，面临资源重新分配、地位重新洗牌的危机。

徐庶本可凭借同乡身份，在颍川势力庇护下融入曹营，获取参与关键事务、展露才华的机会。但荀彧失宠后，曹操对颍川籍谋士信任滑坡，资源倾斜转向其他派系。

徐庶初入未稳，失去潜在上升扶梯，陷入孤立。往昔内部举荐、信息共享渠道堵塞，他于曹营越发举步维艰，重用之门在各方不利因素的挤压下缓缓关闭，成为三国历史中被时代浪潮裹挟、壮志难酬的典型人物，其命运深刻反映出乱世中个体与复杂社会结构、权力集团互动挣扎的无奈与悲凉。

第七章

奇闻逸事话徐庶

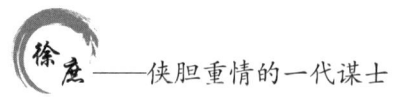

一、踏破草鞋觅明主

历史上的徐庶有着忠心不贰的形象，但在民间，百姓口口相传中的徐庶却有着别样的故事。

在接下来的这个章节中，笔者就为各位看官叙述几桩关于徐庶的奇闻逸事。

东汉末年，天下大乱，烽火连天，各路诸侯纷争不断，黎民百姓深陷水深火热之中，恰似混沌未开、乾坤倒悬的乱世之景。

而在这乱世的一隅，有一处清幽静谧之地，名为水镜庄，乃是当世大儒水镜先生的讲学之所。

徐庶，这位天资卓绝、天性机敏的青年才俊，早早便投身于水镜先生门下，潜心钻研经史子集、兵法韬略，数年如一日。在先生的悉心教导下，徐庶才学如春笋拔节，日益精进，终至才华超群，声名在同窗之中脱颖而出。水镜先生慧眼如炬，见徐庶已将所学融会贯通，火候渐成，便思量着让他出外闯荡，寻觅那能在乱世之中拨乱反正、成就霸业的真主，也好一展其满腹经纶、济世之才。

临行之际，水镜先生神色凝重，拉着徐庶的手，语重心长地叮嘱道："徒儿啊，为师观天下大势，乱象虽汹汹，然必有明主应运而生，挽狂澜于既倒，扶大厦之将倾。你此番出山，需牢记为师之言，去往那天穹之上虽未降雨，而屋檐之下却滴答着清水之地，若在彼处遇见一人，此人命运恰似浮萍，流离辗转于他乡异地，踪迹踏遍四方山河，心怀仁德，欲将恩泽广布于天下苍生，那便是你要找寻的真主，届时定要倾心辅佐，莫要错失机缘。"

徐庶听得此言，心中凛然，知晓此番使命重大，遂将先生教诲铭刻于心，拜别师门，踏上了漫漫寻访之路。

徐庶身着一袭粗布麻衣，脚蹬草鞋，背着简易行囊，风餐露宿，日夜兼程。

一路上，山川险阻、荆棘满途，草鞋磨破了一双又一双，脚底磨出层层血泡，他却未曾有过一丝抱怨、半句退缩，只因那心中怀揣着对明主的炽热期许、对建功立业的执着向往。

可时光悠悠流逝，徐庶走过无数城镇乡村，访遍诸多荒山野

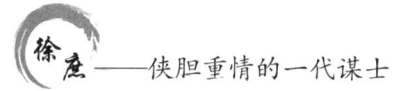

岭，那神秘莫测、契合先生所言特征的地方却始终未曾出现，徐庶心中不免泛起丝丝焦虑，却仍咬着牙，继续前行。

直至有一日，天色渐晚，徐庶行至新野城外，忽然间，墨云似怒兽翻腾，滚滚而来，须臾间便将那澄澈天空遮蔽得密不透风，紧接着，豆大的雨点噼里啪啦地砸落，转瞬便成倾盆之势。徐庶匆忙四顾，见不远处有一座破庙，虽墙体斑驳、门扉残破，却也能暂避风雨，当下便疾步奔入。

这一夜，雨疏风骤，电闪雷鸣，徐庶蜷缩在庙宇一角，听着外面风雨肆虐，心中默默思忖着前路。

待东方泛起鱼肚白，雨势渐歇，天光透云而入，徐庶悠悠醒转，起身舒展筋骨，不经意间抬眸，却惊见那破庙的屋檐之下，正滴答滴答地落下清水，晶莹剔透的水珠在晨光映照下，闪烁着神秘的光芒。

徐庶心头猛地一震，脑海中瞬间浮现出水镜先生的叮嘱，呼吸也急促起来，暗道："莫非此处便是先生所言之地？那真主莫非即将现身于此？"

这般想着，他便决意留在庙中，静候那命运之人的到来。

然而，时光缓缓流淌，两日过去，破庙之中依旧只有徐庶孤身一人，四周静谧得有些诡异，唯有偶尔拂过的风声与远处传来的犬吠打破寂静。

徐庶的干粮早已耗尽，腹中饥饿难耐，加之焦急等待，身心俱疲，靠着庙门便沉沉睡去。

不知过了多久，一阵清风仿若灵动的精灵，悄然穿过门缝，轻轻拂过，那庙门竟"吱呀"一声缓缓打开。徐庶陡然惊醒，抬眼望去，只见自己身上不知何时已多了一件厚实的长袍子，暖融融的，驱散了周身寒意，身旁还稳稳放着一瓦罐清水，在日光下泛着润泽的光。徐庶又惊又喜，环顾四周，却空无一人，那神秘馈赠之人来无影去无踪，只留下这些物件，昭示着刚才绝非梦境。

徐庶满心疑惑，正欲起身探寻，却见庙门处又有一人身影闪动。只见此人手提一个竹编篮子，脚步轻盈，行动间透着几分小心翼翼，似生怕惊扰了旁人。

待走近了，那人瞧见徐庶已然醒来，也不言语，只是默默将篮子放在地上，从里头取出热气腾腾的饭菜，一一摆放整齐，而后转身便欲离去。徐庶见状，哪肯错失这探寻真主的机会，一个箭步上前，伸手拉住那人衣袖。

待细细打量眼前之人，徐庶不禁心头一震，只见此人相貌非凡，生得双手过膝，仿若长臂罗汉下凡；两耳垂肩，厚重有福相；天庭饱满，仿若蕴藏无尽智慧；地阁方圆，尽显沉稳坚毅之气，这般模样，正是相书中所言的贵人之相。

徐庶忙拱手作揖，问询对方身份，那人先是一愣，随即温和一笑，声如洪钟般回道："在下刘备，字玄德，本是汉室宗亲，如今见这天下大乱，百姓受苦，正欲广纳贤才，兴复汉室，解苍生倒悬之危啊。"

徐庶听得"刘备"二字，犹如一道惊雷划过心间，脑海中瞬间回响起水镜先生的嘱托，当下心中豁然开朗，仿若暗夜寻得明灯。欣喜若狂之余，赶忙整了整衣衫，长揖到地，通报自家姓名，言辞恳切地说道："久闻刘皇叔大名，如雷贯耳，今日得见，实乃庶之荣幸。庶承蒙水镜先生教诲多年，习得些许本事，正欲寻觅明主，施展抱负。今见皇叔，方知天命所归，愿效犬马之劳，倾尽所学，辅佐皇叔成就大业，救万民于水火之中。"

刘备闻言，亦是面露喜色，见徐庶气宇轩昂、谈吐不凡，心中对其才情已有了几分估量，当下双手扶起徐庶，连声道好，二人相视一笑。只这一眼，便定下了日后携手同行、共赴风雨的情谊。一段波澜壮阔的传奇，也自此在这破庙之中悄然开篇。

二、徐庶逸事隐于沧海

相传，在古老的山海奇闻之中，于灵山东北那浩渺无垠的海上，隐匿着一座神秘的岛屿，名曰鼓子洋。

此岛仿若尘世之外的桃源，终年被缥缈的云雾所缭绕，四周波涛汹涌，人迹罕至，唯有海鸟翱翔、浪涛拍岸之声，奏响着亘古不变的自然乐章。

岛上生长着一种奇花，名为耐冬花，堪称花中异品。其花瓣莹白如雪，质地温润，宛如羊脂美玉雕琢而成，在日光的轻抚下，泛着柔和而圣洁的光泽。花朵硕大，足有双手合围那般大小，层层叠叠的花瓣簇拥着金黄的花蕊，馥郁的芬芳飘散在海风之中，丝丝缕缕，沁人心脾，仿若能驱散周身的寒意，为这孤寒的海岛添上一抹旖旎而神秘的色彩。

话说有这么一个生性好奇、喜好探寻新奇之物的人，听闻鼓子洋上耐冬花的传闻，心痒难耐，决意踏上这充满未知的冒险之旅，前往摘取那神秘的花朵。

他历经波折，备齐舟楫、干粮，凭借着一股执拗劲儿，在茫茫沧海中破浪前行，终于寻得了鼓子洋的所在。

踏上岛屿，满目葱茏中，那洁白硕大的耐冬花恰似繁星点缀于绿丛之间。他满心欢喜，小心翼翼地摘取数朵，怀揣着收获的喜悦踏上归程，心中已然畅想着将这稀世奇花带回世间，引得众人称奇赞叹。

行至半途，海面上雾气渐浓，一艘小船仿若从云雾深处悠悠驶来，船头立着一位老者。

那老者面容清癯，目光深邃而透着超凡脱俗的气韵，身着质朴的芒鞋道袍，衣袂随风飘动，恰似仙人临世。

小船悄然靠近，老者声如洪钟，开口问道："你是干什么的？缘何在此海上独行？"

那好事之人见老者仙风道骨，不敢有丝毫隐瞒，便将自己听闻耐冬花之名，慕名而来、登岛摘取的前因后果，一五一十地如实相告。

老者听罢，原本平和的神色陡然一凛，双眉紧皱，眼中闪过一丝愠怒，当即呵斥道："你这后生，好不晓事！此花非凡间俗物，它生于这海天孤岛之上，历经风雨、汲取日月精华，自有其灵性与使命，是上苍赐予世间抵御寒冬、护佑生灵之物，岂是你可随意摘取、据为己有的玩物？"

老者言辞铿锵，字字如重锤般敲在那好事人的心间，令其心生愧疚，满脸涨得通红。

训诫之后，老者神色稍缓，语气转为平和，又叮嘱道："即墨之地，有一位道学先生，名叫胡峄阳，才学渊博、品性高洁，深谙天地之道、人间至理。你此番回去，可替我前去问候他，转达我的挂念与敬意。"

言罢，老者身形一转，登上小船，未等那好事人回过神来，小船便隐没于云雾之中，转瞬消失不见，唯留海面波涛依旧，仿若刚才那一幕只是一场虚幻的海市蜃楼，可手中那几朵耐冬花却又昭示着一切真真发生过。好事人满心惊疑，呆立当场，半晌回不过神来。

待缓过神后，好事人赶忙架起竹筏，心急如焚地欲返回陆地，将这离奇遭遇告知他人，以求解惑。

谁料，刹那间，海上风云突变，狂风呼啸而起，墨黑的云层如汹涌的潮水般滚滚而来，压顶而至，海浪仿若被一只无形的巨手搅动，掀起数丈高的巨浪，狠狠拍击着竹筏，似要将其吞噬于茫茫大海之中。

好事人惊恐万分，紧紧抱住竹筏，在生死攸关之际，脑海中突然灵光一闪，忆起老者呵斥之言，心一横，赶忙将怀中所摘取的耐冬花逐一丢弃于海中。

说来也怪，随着最后一朵耐冬花没入波涛，那肆虐的狂风竟如同被驯服的猛兽，渐渐止息。云层散去，阳光重新穿透云层，洒在海面上，波光粼粼，一切仿若从未发生，唯有那仍在剧烈跳动的心脏，提醒着好事人这场惊心动魄的遭遇。

待平安返回陆地后，好事人顾不上休憩，马不停蹄地赶往即墨，依照老者所言，四处打听胡峄阳的居所。一番寻觅后，终于寻得胡峄阳的住处，见到了这位声名远扬的道学先生。

胡峄阳见来人神色慌张、风尘仆仆，心中诧异，待听闻其详述在鼓子洋上的所见所闻，尤其是那老者的形貌与言语后，胡峄阳微微颔首，神色释然，缓缓说道："你所遇见的那位老者，乃是昔年三国时期的徐庶啊！想当年，徐庶以智谋纵横于乱世，辅佐明主，历经诸多波澜壮阔之事，后世人皆传颂其才略。

"谁料，岁月悠悠，他竟于鼓子洋上寻得这一方净土，隐居许久，修身养性、感悟天道，已然超凡脱俗，仍心系世间，不忘与我这旧识问候一二，倒也不负其高洁品性啊。"

好事人这才恍然大悟，心中对那神秘老者和这奇妙经历越发敬畏，也对胡峄阳与徐庶这般隐于世间、心怀乾坤的奇人充满了钦佩。

自此，这段鼓子洋上徐庶的逸事，便如那海风一般，悠悠传遍四方，成为人们茶余饭后津津乐道、感叹世间奇妙与历史沧桑的传奇佳话。

三、胶南的传说

徐庶自别了刘备，怀揣着满心的无奈与复杂情愫踏入曹营，命运的轨迹便在这乱世之中悄然拐入了另一条幽径。

彼时，虽身处于曹魏的势力版图之下，往昔纵横捭阖、于沙场上为兴复汉室谋篇布局的壮志豪情被无奈封存，但徐庶并未任由才情埋没，而是将一腔热忱与满腹经纶倾洒在了民间的广袤乡土之上，于平凡百姓间续写着自己独特的传奇篇章。

徐庶自幼便博闻强识，潜心钻研诸般学问，于天文气象一道，造诣颇深。那浩渺星河的运转、风云的变幻聚合，在他眼中皆有规律可循，如同一部天然的兵书，蕴含着世间至理。而对地理山川之事，徐庶更是了如指掌，每一处山川的起伏走势、河流的蜿蜒脉络，他皆能洞悉其中利弊，仿若这些大地的纹路早已镌刻于心间。

彼时，胶南沿海之地，渔民们世代依海而生，可那喜怒无常的大海，时而风平浪静、鱼虾满舱；时而却狂风呼啸、巨浪滔天，出海之行好似在鬼门关前徘徊，性命与生计全系于那变幻莫测的海风之上。

徐庶见此情形，主动挺身而出，凭借自身对天文气象的精准把握，悉心为渔民们推算每一次出海的最佳时机。

每至鱼汛前夕，徐庶便会登上高处，仰头凝视苍穹，观察星象明暗、云层厚薄、风向缓急，结合多年积累的学识与经验，掐指细算。

待时机成熟，便赶忙告知众人，哪日何时海风轻柔、气候和暖，适宜扬帆远航，能保一路顺遂、满载而归；又警示众人，哪些时日天象诡异、风云欲变，切不可贸然出海，以免葬身鱼腹。

在徐庶的指引下，渔民们出海的收获越发丰厚，丧命于恶风之下的悲剧也大大减少，众人皆对他感恩戴德，视若神明下凡。

而那近海之处，传说常有蛟害肆虐。这些蛟龙身形庞大、凶悍异常，兴风作浪间，不仅打翻渔船，还会破坏沿岸渔村，百姓苦不堪言，却又束手无策。徐庶听闻此事，决心为民除害。

徐庶先是仔细勘察海岸周边地形，寻得蛟龙巢穴所在，而后运用所学地理之术，巧妙布置机关陷阱。于巢穴周遭的礁石缝隙间，安置尖锐之物，又以铁链、巨网隐蔽设伏，同时依据蛟龙习性，挑选月圆之夜潮涨之时，引其出洞。

待那蛟龙现身，懵懂闯入陷阱，瞬间被铁链缠住、巨网兜牢，在水中挣扎扑腾，徐庶则带领一众青壮，以特制渔叉、棍棒奋力击打，终将这为祸一方的孽畜诛杀，还了沿海百姓一片安宁

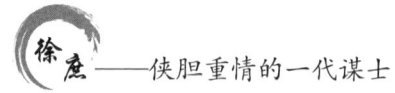

海域，众人欢呼雀跃，传颂其英勇之举。

徐庶不仅精通天文地理，于岐黄之术亦是颇有心得。

彼时，乡间疫病时常横行，穷苦百姓缺医少药，患病之后只能听天由命，眼睁睁看着亲人生离死别，痛苦不堪。

徐庶心怀悲悯，背起药篓，深入山林，亲采草药，依据古方秘籍，精心炮制各类药剂。无论寒冬酷暑，只要听闻哪家有病人求助，他便即刻登门，望闻问切，耐心诊治，以温和的言语宽慰患者，用精妙医术祛除病痛。经他之手治愈的病人不计其数，百姓们赞誉他妙手回春，将他的名字与希望紧紧相连。

在农事方面，徐庶同样倾囊相授。

见农人面对土地满脸愁容，不知如何提升收成，徐庶躬身田间，指导他们采桑养蚕。从桑树的栽种养护，到蚕种的挑选、蚕室的布置，再到养蚕过程中的喂食、眠起照料，直至缲丝织绸，每一个环节都悉心讲解、亲身示范。

于耕种五谷之事上，更是依据不同土壤质地、气候特点，教导农人合理选种、适时播种、科学灌溉施肥。在徐庶的助力下，农人们逐渐掌握窍门，桑田繁茂、谷穗饱满，生活也有了盼头。

第七章　奇闻逸事话徐庶

在胶南之地，有一座帽子峰，其山势巍峨、景色清幽，峰峦间云雾缭绕，仿若人间仙境。

徐庶对这帽子峰情有独钟，常流连其间，或于山巅静思天文之象，或在山谷探寻草药踪迹，或与乡民围坐于松下，传授农桑技艺、讲述世间道理。

久而久之，"徐庶不离帽子峰"的说法不胫而走，百姓们知晓若要寻他，只需去往帽子峰，大概率便能遇见这位心怀苍生的奇人。

岁月悠悠流转，百姓们念及徐庶的诸多善举，感恩之情越发浓烈，为表崇敬与怀念，众人自发筹资，在大珠山帽子峰上建起了一座徐庶庙。

庙宇建成之日，雕梁画栋、庄严肃穆，香烟袅袅升腾，钟磬之声悠悠回荡。自此，过往的渔民，无论出海前祈愿平安、满载而归，还是归航后感恩庇佑，都会虔诚进香。胶南、胶州、诸城、高密等地的百姓，听闻徐庶庙的盛名，也纷纷慕名而来，或求祛病消灾，或盼风调雨顺、农事兴旺，庙中香火四季不断，人流络绎不绝。徐庶之名，就这样在民间口口相传，化作了守护一

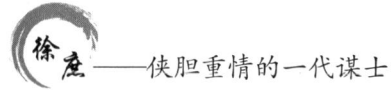

方的精神象征，其故事与风范，穿越悠悠岁月，在这片土地上长

久流传，滋养着后世之人对侠义、仁爱与智慧的尊崇与向往。

尾 声

一

一提到徐庶就不得不提到他的好朋友诸葛亮。二人都曾为刘备麾下谋士，却有着截然不同的结局。

这两个人究竟谁更厉害，相信每个人的心里都有自己的评判标准与答案。

刘禅即位后，将诸葛亮封为武乡侯，命诸葛亮"约官职，修法制"，诸葛亮曾说过这样一段话："夫参署者，集众思，广忠益也。若远小嫌，难相违覆，旷阙损矣。违覆而得中，犹弃弊蹻而获珠玉。然人心苦不能尽，惟徐元直处兹不惑。又，董幼宰参署七年，事有不至，至于十反，来相启告。苟能慕元直之十一，幼宰之勤渠，有忠于国，则亮可以少过矣。"又说："昔初交州平，屡闻得失，后交元直，勤见启诲。"

在这段话中诸葛亮强调了集思广益、广纳忠言对于处理政务以及自身减少过错的重要性，并通过列举徐庶（徐元直）、董和

（董幼宰）等人的事例加以说明，同时也提及了崔州平对自己的影响，可见他对徐庶是十分佩服的。

在那风云变幻、英雄辈出的三国时代，徐庶与诸葛亮均是当世之杰，二人皆凭自身才华与抱负，在乱世之中留下浓墨重彩的印记。

所以，要评判二者谁更卓越并不是一件容易的事，需要从军事、政治、战略、内政以及忠诚度等多维度细致剖析，方可得见真章。

首先，徐庶投身刘备麾下时，展现出了不凡的军事素养。

彼时，刘备势力尚弱，徐庶凭借所学，为刘备军出谋划策，助力应对曹军攻势。

虽然史书中未如小说那般详述其大破八门金锁阵这类传奇战事，但从刘备对其敬重有加、委以军机要务来看，徐庶在军事战术层面必有可圈可点之处。徐庶能依据敌我兵力、地形地势等因素合理谋划，帮助刘备军在局部冲突中应对曹军，提升军队作战效能与防御能力，稳固刘备军事根基，在有限资源与复杂局势下，发挥军事智囊作用，以智慧应对强敌。

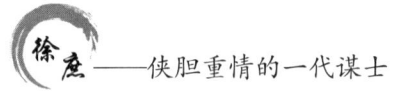

而诸葛亮的军事造诣亦颇深。

在蜀汉史学家陈寿的《三国志》中记载，诸葛亮善治军，其治下军队纪律严明、训练有素。

诸葛亮曾多次率军南征北伐，南征时，针对南中地区复杂民族情况与叛乱势力特点，制定"攻心为上，攻城为下，心战为上，兵战为下"的策略，不单纯以武力镇压，而是恩威并施，平定南中的同时收获民心，稳固蜀汉后方。

北伐之举，虽因蜀汉国力、地形限制等未达成克复中原的宏愿，但过程中诸葛亮对军事行动的统筹规划、后勤补给的调配、战场时机的把握等尽显大师风范。

例如，诸葛亮重视兵器改良，连弩便是他的创新成果，在战场上可以增强蜀汉军远程打击力；在粮草运输方面，设"木牛流马"保障后勤供应持续性……种种作为均体现出卓越的军事综合能力，于实战与军事建设双管齐下。

其次，徐庶在曹魏阵营历任官职，其中御史中丞一职责任重大，负责监察百官。

彼时曹魏政权广纳人才、疆域渐扩，内部吏治整肃至关重要。

徐庶秉持职责，依曹魏律例监督弹劾不法官员，维持官场清正风气，规范官员履职行为。

只是曹魏势力中世家大族林立，政治生态复杂，徐庶在权力核心圈周旋受限，难以主导大政方针的制定推行，多在既定框架内发挥监督职能，保障行政机器正常运转。

而诸葛亮身为蜀汉丞相，军政大权集于一身，肩负兴复汉室、稳固蜀汉之重任。面对蜀汉初立，内部益州的本土势力与随刘备入蜀的外来集团矛盾交织，经济尚待复苏的困境，诸葛亮于是推行系列政策化解难题。

在政治上，诸葛亮强化法治，制定《蜀科》，严明奖惩，打破本土与外来势力隔阂，"赏不遗远，罚不阿近"，营造公平公正执政环境，凝聚各方力量；在外交上，鉴于蜀汉与东吴地缘政治关系及实力对比，修复吴蜀联盟，以联盟为依托抗衡曹魏，稳固外部战略环境，在政治博弈与外交纵横间把握平衡，筑牢蜀汉政权根基。

再者，徐庶本欲辅佐刘备成就霸业，可曹操以其母作人质，

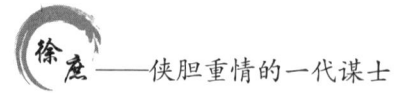

迫使其无奈转投曹营，这一变动打乱了徐庶自身的发展节奏，也使刘备集团顿失智囊助力。

于徐庶而言，前期择主刘备彰显其对局势的判断，认定刘备有发展潜力、具复兴汉室志向，契合自身抱负；但中途变故致徐庶无法持续围绕刘备谋划布局，后续在复杂曹营难以施展战略宏图，未对天下大势再做深远擘画，壮志未酬，于乱世战略棋局中只能遗憾退场。

而诸葛亮的战略规划则极具前瞻性。

未出山时，便洞察天下三分大势，向刘备提出"隆中对"战略构想。

彼时汉室式微，诸侯割据，诸葛亮精准分析各方实力与地缘政治特点，点明曹操"挟天子而令诸侯"，势力雄厚，不可贸然对抗；孙权据江东，凭长江天险与家族经营根基稳固，可结为盟友；刘备当务之急是立足荆州，此地是战略要冲、资源丰富，再图益州，依托山川险阻建立稳固根基，待"天下有变"，两路出兵北伐，从荆州向宛、洛进军，自益州北上秦川，以图中原。诸葛亮用明晰规划为刘备集团的崛起勾勒路径，此后蜀汉发展多依此战略框架推进，足见其高瞻远瞩的战略眼光。

徐庶在内政管理方面的细节记载虽有限，但从其御史中丞职责推测，他关注吏治，对于曹魏官场秩序维护用心，纠察官员贪腐、渎职等行径，保障行政体系规范运行，确保政令上传下达高效畅通，维持曹魏政权内部行政稳定，只是受限于记载稀缺，我们难以全面展现其在内政系统的作为。

诸葛亮在内政领域亦建树卓越。

经济方面，诸葛亮重视农业生产，组织屯田，劝课农桑，兴修水利设施保障灌溉，如都江堰等水利工程经维护修缮，灌溉效益大增，粮食产量稳步提升，夯实了蜀汉的物质根基；手工业领域，大力扶持蜀锦产业，设锦官专管，蜀锦工艺精湛、品质优良，畅销魏吴，成为蜀汉经济支柱产业，赚取了丰厚收益支撑军政开支；文化教育方面，倡导办学，传播文化知识，培育人才，提升蜀地文化素养与人才储备，全方位筑牢蜀汉内政基石，为军事行动与政权持久运作供给内生动力。

在对汉室忠诚度上，徐庶的忠诚满含无奈与坚守。

曹操以母胁迫，徐庶为全孝道入曹营，然其心向刘备，秉持底线，身处曹营却未为曹操军事谋划添砖加瓦，坚守对刘备的个人情谊，默默以无声抗拒表达忠诚，即便客观环境改变了徐庶的人生轨迹，其忠诚本质仍未改，在困境中护持初心，矢志不渝。

诸葛亮的忠诚则是一生践行"鞠躬尽瘁，死而后已"。

自隆中出山受刘备知遇之恩，诸葛亮便将毕生心血倾注蜀汉。

刘备创业艰难，夷陵兵败后蜀汉危如累卵，刘禅年幼继位，诸葛亮毫无退意，殚精竭虑治理内政、整军北伐，为复兴汉室理想拼搏，直至生命走到尽头。诸葛亮以全部生命诠释忠诚真谛，为后世敬仰，成千古忠臣楷模。

因此，徐庶与诸葛亮皆为三国时期的杰出人物，前期他们互相辅助，匡扶汉室，后期徐庶入曹营，虽阵营不同，但心之所向皆为一处。他们在不同领域凭本事与品性发光发热，各有所长，难分绝对高低，共同勾勒出三国乱世英才群像，为后世留下无尽精神财富与历史镜鉴。

尾　声

二

回溯徐庶早年，他本是个一腔热血、快意恩仇的市井混子，凭借浑身胆气横行乡里，成了左邻右舍人厌狗嫌的"鬼见愁"。

彼时，徐庶以武立身，试图以一己之力在那混沌世道中拨正些许不公，匡扶微弱正义。然而，随着阅历渐长，尤其是在目睹山河破碎、苍生蒙难的景象后，他敏锐洞察到仅凭匹夫之勇，不过是杯水车薪，难挽狂澜于既倒。

于是，徐庶毅然决然地放弃舞枪弄棒，折节向学，埋首于经史子集的墨香之中，沉醉在兵法韬略的深邃世界里。在幽窗孤灯下，他熬过无数个日夜，诵读经典如蚕食桑叶，剖析兵书似抽丝剥茧，终让知识的养分浸润心田，完成了从起起武夫到智谋谋士的惊艳转身。

这段成长历程，恰似一声穿越时空的洪钟巨响，振聋发聩地提醒着后世子孙：人生之路，从无坦途，无论起始于何种境地，不论是出身寒微、知识匮乏，还是困于眼界、囿于旧俗，只要心怀对成长的炽热渴望和对进步的不懈追求，便能如徐庶一般，打

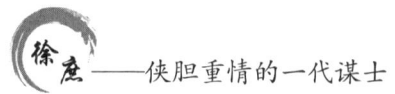

破桎梏，在持续学习中重塑自我，磨砺出适应时代浪潮、搏击风雨的过硬羽翼。

而在徐庶的蜕变之途中，他的道德底线始终熠熠生辉，坚如磐石。

在东汉末年那个天下大乱、各方势力纷争不断的乱世背景下，徐庶投身其中，在动荡的年月里，寻找着自己的发展机会。而在这个过程中，他的人生轨迹与刘备有了交集，并与刘备建立起了紧密联系，成为刘备麾下的重要谋士，为刘备出谋划策。刘备也对徐庶予以重用和尊重，他们之间这种相得益彰的合作关系，在当时的乱世中成就了一段被后人传颂的佳话。

当时的刘备虽势力微薄、寄人篱下，却独具伯乐慧眼，识得徐庶这颗蒙尘明珠。他不囿于门第出身，不嫌徐庶过往游侠身份，以赤诚之心相待，委以军事谋划、军机要务等重任，搭建一方广阔舞台供其挥洒才华，施展满腹经纶。

而徐庶亦投桃报李，殚精竭虑为刘备集团剖析局势、出谋划策，助力其在诸侯夹缝中求生存谋发展，二者相辅相成，奏响了一曲人才与团队和谐共鸣的妙音。

尾 声

此般景象，映照当今社会职场，企业仿若一艘艘破浪远航的巨轮，人才便是驱动前行的核心动力。领导者若想引领企业驶向辉煌彼岸，需如刘备这般，有双洞察秋毫、甄别贤才之眼，不能只盯着学历、资历等刻板枷锁，还是要挖掘员工潜在闪光点，营造开放包容、积极向上的企业文化氛围，铺就晋升坦途，激发人才的拼搏豪情；员工则当以徐庶为楷模，审慎寻觅适配自身才华、契合职业愿景的栖息港湾，于平台之上挥洒汗水，协同团队成员，各展其长，攻克难关，铸就团队荣耀，实现个人与集体价值的双赢共荣。

徐庶当时选择刘备，绝非偶然草率之举，乃是经多方打探、深入观察后的笃定抉择。徐庶作为草根，又背过人命官司，对于阵营的选择是非常谨慎的。他考量了刘备汉室宗亲身份所承载的正统大义，品鉴其仁德宽厚品性散发的领袖魅力，洞察其麾下团队凝聚的蓬勃朝气与发展潜力，认定此处是能施展自己毕生抱负之地。

这仿佛又在提示着当今的求职者，在置身信息爆炸、机遇丛生却又陷阱遍布的时代迷宫，面临职业选择时，万不可被一时高

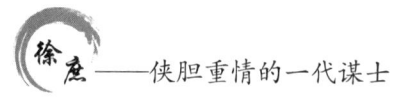

薪、虚浮头衔蒙蔽双眼，需沉心静气，像考古学家甄别文物般，综合权衡行业发展趋势、企业经营理念、领导管理风格、岗位成长空间等多元要素，锚定契合自身兴趣专长、价值取向且前景光明的职业方向，如此，方能扬帆起航，驾驭职业航船在波澜壮阔的人生之海稳健前行。

三

曹操，这位权谋滔天、"挟天子以令诸侯"的霸主，妄图以高官厚禄为饵，以其母安危为胁迫手段，招安徐庶为己所用。

徐庶因此深陷绝境，恰似扁舟飘摇于惊涛骇浪，进是违心背义，舍弃与刘备的个人情谊、挚友之托；退则危及母亲性命，忤逆人子孝道。

然而，从徐庶之后的人生轨迹我们可以看出，当初的归曹只是身不由己之举，其内心对刘备的忠诚与情义从未磨灭。

尽管迫于曹操胁迫，为母安危奔赴曹营，可一旦入了曹魏集团，他便以独特的坚守，践行着对旧主的承诺。

徐庶在孝道与忠义之间虽选择了前者，但在进入曹魏集团后却从未做过对不起刘备的事，由此也可看出他对刘备的情深义重，恰似无声劝诫与示范，敦促我们珍视诚信、坚守忠诚，以真心换真心，编织牢不可破的人间锦缎，铺就顺遂的人生通途。

徐庶的故事，宛如一条奔腾不息的历史长河，流淌过岁月山川，每一朵浪花都折射出人生百态、处世真谛。

后世之人，伫立河畔，俯身掬水，便能润泽心田，汲取成长、事业、亲情、人际等诸般启示养分，于人生漫漫征途，少些迷茫踟蹰，多些笃定坚毅，书写属于自己的华彩篇章。

附录一

徐庶年表

早年经历：

徐庶原名徐福，出身寒门，早年好行侠仗义，东汉中平末年间，为人报仇后用白灰涂脸，披发逃跑，被官吏抓获后一言不发，后经朋友解救逃脱，于是折节读书。

避难荆州：

东汉初平二年（191），因中州兵乱，徐庶与石韬一同南客荆州，并在此结识了诸葛亮、司马徽、崔州平等人，与诸葛亮关系尤为密切。

投身刘备：

东汉建安十二年（207），刘备驻扎于新野，徐庶前往自荐，得到刘备赏识与器重，并向刘备举荐诸葛亮，称其有"卧龙"之称，还建议刘备亲自前往拜谒，由此引出了三顾茅庐的典故。

辞刘归曹：

东汉建安十三年（208），刘表之子刘琮不战而降曹操，刘备率众南逃，徐庶的母亲被曹操所获。曹操以徐庶母亲为筹码要挟徐庶归降。徐庶无奈，只得辞别刘备，指心自陈，加入曹营，而诸葛亮则追随刘备离开。

曹营生涯：

东汉延康元年（220），徐庶以徐福之名列入曹丕的劝进表。

黄初年间，徐庶任右中郎将、御史中丞。

诸葛亮感叹：

蜀汉建兴七年（229）初，诸葛亮率军第二次北伐出陇右时，听闻徐庶与石韬官职不高，感叹魏国人才未得重用。

附录二

人物关系列表

（书中人物关系列表，不分出场顺序，只按阵营及主次排列）

曹魏集团

姓名	字	生卒	祖籍	官至爵位
徐庶	元直	不详	豫州颍川	御史中丞
曹仁	子孝	168年—223年	沛国谯县	大将军、大司马
荀彧	文若	163年—212年	颍川颍阴	尚书令
曹操	孟德	155年—220年	沛国谯县	丞相—魏王—追魏太祖武皇帝
郭嘉	奉孝	170年—207年	颍川阳翟	司空军师祭酒
贾诩	文和	147年—223年	武威姑臧	太尉—魏寿乡侯
程昱	仲德	141年—220年	东郡东阿	卫尉—安乡侯

东吴集团

姓名	字	生卒	祖籍	官至爵位
孙权	仲谋	182年—252年	吴郡富春	东吴大帝

袁绍集团

姓名	字	生卒	祖籍	官至爵位
袁绍	本初	？—202 年	汝南汝阳	司隶校尉—渤海太守—太尉—邺侯

刘表集团

姓名	字	生卒	祖籍	官至爵位
刘表	景升	142 年—208 年	山阳高平	荆州刺史—成武侯
刘琦	不详	？—209 年	山阳高平	荆州刺史
刘修	季绪	不详	山阳高平	东安太守
刘琮	不详	不详	山阳高平	青州刺史—谏议大夫

汉末名人

姓名	字	生卒	祖籍	官至爵位
司马徽	德操	？—208 年	颍川阳翟	
孟建	公威	不详	汝南郡	
崔钧	州平	不详	博陵安平	

东汉末代皇帝

姓名	字	生卒	祖籍	官至爵位
刘协	伯和	181 年—234 年	南阳蔡阳	汉献帝—魏山阳公

后 记

当我们作为看客读过徐庶这一生所经历的一切时，会发现一个颇为有趣的现象。

那便是徐庶这位东汉三国时期的奇士，其一生事迹虽然被记载得很少，却在历史舞台上演绎出独特的华彩。

"本欲与将军共图王霸之业者，以此方寸之地也。今已失老母，方寸乱矣，无益于事，请从此别。"此语之中，满是徐庶忠孝两难全的悲怆。

出身寒门的徐庶，早年以痞子混混之姿横行乡里，任侠仗义，于乱世中播撒侠义的种子，在民间留下诸多传说。而他后来毅然弃武从文，在被周围同窗嫌弃、排挤的情况之下，苦研经史兵法，终成大器，此等毅力与决心，令人钦佩不已。

在中华文化传承的长河里，徐庶的这段故事激励着无数寒门学子。他以亲身经历证明了知识能够改变命运，其奋斗精神如同一股源源不断的动力，鼓舞着无数后来者在求知与进取的道路上奋勇前行，成为连接底层民众与向上奋进精神的坚韧纽带。

这之后，徐庶与刘备二人的相逢，就如同千里马遇见伯乐，"良禽择木而栖，贤臣择主而事"。他为刘备军出谋划策，巧用战术，知己知彼，百战不殆。以奇谋制敌，以巧计破局，在后来蜀汉政权的奠基之路上立下汗马功劳。

然而，上苍似乎给徐庶开了一个巨大的玩笑。

枭雄曹操的出现，使徐庶陷入绝境。他最终选择奔曹营全孝，尽显人伦真情。随后，在曹营之中，徐庶便开始了"隐身"，似乎在用这种独特的方式，无声坚守着对刘备的忠诚。"身在曹营心在汉"，默默坚守内心的道义底线，这种在复杂环境中对忠义的执着，彰显出其高尚的品德与坚韧的精神。

在三国时期的宏大画卷中，徐庶的经历反映了当时社会阶层的多元性与人才流动的复杂性。他从底层崛起，为众多寒门子弟树立了榜样，与其他谋士一同编织出了那段波澜壮阔的历史。

对于那个封建礼教时代下成长起来的知识分子而言，徐庶在

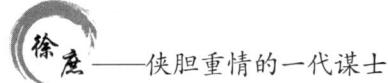

理想、忠诚、孝道与利益的旋涡中能够坚守住本心，犹如一座屹立不倒的精神丰碑。他用自己独特的方式抉择了坚守，启示后人在面对纷繁复杂的世事时，应坚守正道，不为功名利禄所迷惑，传承和弘扬正义、忠诚、孝道等传统美德。

所以，笔者认为徐庶的一生，就是一部充满传奇色彩与深刻内涵的史诗。

我们缅怀他，更应汲取其精神养分，在当今时代，秉持坚定的信念与高尚的品德，书写属于自己的辉煌篇章，让徐庶所代表的优秀精神品质永远传承下去，照亮我们前行的道路。

白玉京